2025年版 出る順
中小企業診断士
FOCUS

テキスト＆WEB問題

FOCUS202

財務・会計

はしがき

＜応用力が問われる１次試験＞

　近年の１次試験の傾向として、ただ知識を問うのではなく、知識の本質を問う問題が多く出題されており、出題形式が「知識確認型」から「実務思考型」へ変化しています。

　その背景として、現在、中小企業庁は中小企業診断士を積極的に活用し、中小企業を支援する動きが出てきているということが挙げられます。厳しい日本経済の中、中小企業は非常に厳しい環境にあります。そのため、中小企業診断士は、いかに知恵を出して問題を解決していくかが求められており、１次試験も単なる暗記、知識詰め込みでは対応が難しい応用問題が出題されるようになってきています。

　このような状況の下、従来の知識網羅型のテキストではなく、各科目の重要項目を整理した『出る順中小企業診断士 FOCUSテキスト＆WEB問題』を開発しました。従来のインプット重視のカリキュラムからアウトプットへ比重を置いたことが、幸いにも多くの受験生の方々から好評をいただきました。

　また、引き続き独学の受験生や他校の受講生の方々からは「『出る順中小企業診断士 FOCUSテキスト＆WEB問題』が欲しい」という要望をいただいておりましたので、今回、2025年版を発刊することとなりました。

＜本書の使用方法＞

　『2025年版 出る順中小企業診断士 FOCUSテキスト＆WEB問題』を有効に活用するために、Web上に本テキスト使用ガイダンスを公開いたします。以下のURLからアクセスいただきますようお願いいたします。また、二次元コードからもアクセスいただけます。

https://www.lec-jp.com/shindanshi/book/member/

2024年6月吉日

株式会社　東京リーガルマインド
ＬＥＣ総合研究所　中小企業診断士試験部

本書の効果的活用法

　『FOCUSテキスト＆WEB問題』を効果的に使って学習を進めるために、各テーマごとの基本的な学習の流れを解説いたします。

使い方 STEP 1　要点を捉える

　『FOCUSテキスト＆WEB問題』は、まず「テーマの要点」を把握することから始まります。体系図とあわせてテーマの要約を簡潔に説明していますので、セットで理解するようにしてください。

　また、学習後の復習や、本試験直前のスピードチェックも、このパートを読み返すだけでよいように設計されています。

使い方 STEP 2　過去問に挑戦する

　要点をつかんだら、すぐに「過去問トライアル」で基本的な過去問に取り組んでください。問題は初めての方でも取り組みやすいように、最も基本的な過去問をチョイスしています。

　なお、解答は各テーマの最後に記載しています。

第7分野　原価計算

5　原価計算の仕組み　標準原価計算

学習事項　実際原価、標準原価、原価差異

（このテーマの要点）

　標準原価の概念と意義を理解する！
　工場などでは、原料などを仕入れたり従業員に賃金を支払う場合、標準的な原価（標準原価）を設定していることがあります。
　この標準原価を算定することによって、実際に発生した材料費や労務費と比較して、どれくらいコストが削減できたか、あるいは上回ってしまったかを把握することができ、原価の管理に役立てることができます。
　そこで、ここではこうした標準原価計算について説明します。

過去問 トライアル	平成17年度　第7問 標準原価計算
類題の状況	R05-Q10(再) H29-Q9 H28-Q7 H25-Q10 H19-Q8

　H■■所では標準原価計算を採用している。直接材料は工程の始点で全部投入する。次■資料に基づいて、直接材料費差異を計算し、その金額として最も適切なものを下■■の解答群から選べ。
　　直■材料費標準（製品1個あたり）：4kg×@10千円＝40千円
　　当■実際直接材料費：355kg×@11千円＝3,905千円
　　当■生産数量：月初仕掛品 10個、月末仕掛品 20個、完成品 80個
　〔解答■〕
　ア　－■05千円（不利差異）　　　　イ　－95千円（不利差異）
　ウ　95■円（有利差異）　　　　　　エ　305千円（有利差異）

＋1 STEP　類題に挑戦する

　「過去問トライアル」には、テーマに関連する他の「類題」が示されています。テーマを一通り学習したら、類題にチャレンジしましょう！
　いつでもどこでもチャレンジできるように、問題と解説はWEBで公開されています。二次元コードをスマホで読み取れば、すぐにアクセスできます！
　なお、令和5年度（R05-Q○○）の後に「(再)」とあるのは、12月に沖縄で実施された再試験の問題です。

使い方 STEP 3 基本知識を学習する

過去問に続いて、テーマに関連する理論や知識が、コンパクトに詰め込まれています。限られたスペースで多くの情報を伝えるために図や表を多く用いて構成されていますので、効率よくインプットすることができます。

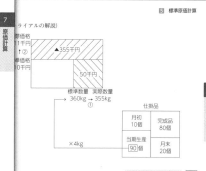

問題を解いた後だからこそ、知識の吸収も促進されることを実感するでしょう。過去問で実際に問われた知識と、その周辺の知識をあわせて理解するため、一般的なテキストと比べて知識の定着度が断然違います。

NEXT STEP 次のテーマに進む

以上で、このテーマの学習が一通り終了いたしました。次のテーマの学習に進んでください！

購入者サポート 専用WEBページのご案内

『FOCUSテキスト&WEB問題』は、WEBと連動した新しいテキストです。

専用WEBページを用意しており、「過去問トライアル解説」や「類題」の閲覧・演習をはじめとする様々なサポートのご利用が可能です。

サポート1 全テーマ詳細解説付きWEB問題【DL対応】

本書記載の「過去問トライアル」の解説の閲覧や、「類題」の演習をすることができます。本書ではテーマごとに「過去問トライアル」を要点・基礎知識とセットで用意（一部テーマはオリジナル問題でカバー）。WEBでは過去問の詳細解説を見ることができます。

さらに、「過去問トライアル」には類題の出題年・問題番号が表記されています。これらの問題と解答解説も公開しています。

これらはPDFでのご利用も可能ですので、通勤中や外出先での学習にお役立てください。

サポート2 テーマ別ポイント解説動画【無料視聴】

本書に収録されている全テーマのポイント解説動画を公開します。

LEC講師陣が「このテーマの要点」を中心に、本書を読み進めていくにあたってのポイント、注意点などを簡潔に解説し、「FOCUSテキスト&WEB問題」での学習をサポートします。
※ご利用には、会員・Myページ登録が必要です。
※2024年8月下旬より順次公開予定です。

サポート3 応用編テキスト＋5年分の1次試験過去問【DL対応】

『FOCUSテキスト&WEB問題』（財務・会計）の応用編書籍を2点と、『令和2年度～令和6年度1次試験科目別 過去問題集』（財務・会計）の合計3点をWEB上で無料提供します。PDFでのご利用も可能です。
※ご利用には、会員・Myページ登録が必要です。
※2024年12月下旬より順次公開予定です。

サポート4 令和6年度1次試験解説動画【無料視聴】

直近の本試験過去問を分析することは、試験対策として必須といえます。LECでは過去のデータや令和6年度本試験リサーチ結果を踏まえ、各科目の担当講師による重要問題を中心にした解説動画を配信します。
※令和6年度中小企業診断士1次試験終了2ヶ月後より配信開始予定です。

ご利用方法

サポート①：全テーマ詳細解説付きWEB問題【DL対応】
サポート②：テーマ別ポイント解説動画【無料視聴】
サポート③：応用編テキスト＋５年分の１次試験過去問【DL対応】

1 以下の二次元コードかURLから「財務・会計 ログインページ」にアクセスしてください。

【財務・会計】

URL：https://www.lec.jp/shindanshi/focus2025/zaimu/

2 以下のID・PASSを入力して専用WEBページにログインし、案内に従ってご利用ください。

【財務・会計】

ID：shindanF25

PASS：zaimu

※②・③のご利用には会員・Myページ登録が必要です。

サポート④：令和６年度１次試験解説動画【無料視聴】

以下の二次元コードかURLから専用WEBページにアクセスし、「令和６年度１次科目別解説動画」をご視聴ください。

URL：https://www.lec-jp.com/shindanshi/book/member/

購入者サポート専用WEBページの
閲覧期限は **2025**年**11**月**23**日迄です。

Contents

目次

はしがき

本書の効果的活用法

[購入者サポート]専用WEBページのご案内

企業会計

第6分野　キャッシュ・フロー計算書 ……………………… 193

企業会計

企業会計の目的と
財務諸表の種類

企業会計の目的と財務諸表の種類

1 各テーマの関連

企業会計の目的と財務諸表の種類	企業会計の目的と財務諸表の種類	1-1 企業会計の目的
		1-2 損益計算書
		1-3 貸借対照表

　財務・会計の第一歩として、企業会計の基礎について学習します。

　企業は投資家から資金を募り、その資金で様々な活動を行っています。この中で、企業は投資家に対して活動の結果を報告する必要があります。また、企業がその活動の効率性を確かめるために、活動の結果を知りたいと考えることもあります。このような必要性に応えるための手法の１つが、企業会計です。

　外部の利害関係者に対し、企業の状況を適切に伝えるために「財務諸表」を作成します。財務諸表は、企業に資金提供する投資家などに対して企業活動の結果を報告するものです。財務諸表には、「損益計算書」、「貸借対照表」、「キャッシュ・フロー計算書」（第６分野で学習）などがあります。

　ここで学習する内容は、財務・会計のすべての分野にまたがる基礎的な事項ですので、しっかりと理解するようにしましょう。

2　出題傾向の分析と対策

① **出題傾向**

#	テーマ	H26	H27	H28	H29	H30	R01	R02	R03	R04	R05
1-1	企業会計の目的				1		1				1
1-2	損益計算書										
1-3	貸借対照表									1	1

② **対策**

　損益計算書、貸借対照表は、財務・会計で扱う内容の全般に関係する基礎的な内容ですので、しっかりと時間をかけて学習してください。

　まず、「損益計算書」では、「売上高」から「当期純利益」までの算出過程や「売上総利益」、「営業利益」、「経常利益」といった各利益項目の意味をしっかり理解し、覚えてください。

　「貸借対照表」では「資産」、「負債」の流動・固定分類について理解しておきましょう。

　「損益計算書」、「貸借対照表」は次で学習する「経営分析」と深い関連がありますので、合わせて学習すると効果が高いでしょう。

企業会計の目的と財務諸表の種類
企業会計の目的

学習事項 財務諸表

このテーマの要点

そもそも企業会計を行う理由を理解しよう

企業は、事業を行うために資金を調達する必要があります。その場合に銀行や投資家に対し出資を依頼するわけですが、投資家や銀行の立場になってみると、果たしてその会社が信用に足りる会社なのかどうなのか、よく分かりません。

ここで、重要になるのが企業の状況を正しく伝えることです。その企業が十分に利益を生み出し、または生み出せる要素を持つのであれば、投資家や銀行は安心して出資することができます。

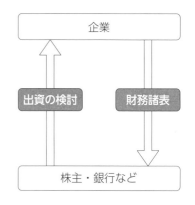

このような企業の会計情報を一連の規則に従って作成するものが財務諸表です。財務諸表には様々ありますが、特に重要なものが貸借対照表、損益計算書、キャッシュ・フロー計算書であり、これらは財務三表と呼ばれます。なお、第1分野では貸借対照表および損益計算書を取り上げます。キャッシュ・フロー計算書は第6分野で取り上げます。

過去問トライアル	平成29年度　第5問
	企業会計原則
類題の状況	R05-Q5　R01-Q5

企業会計原則に関する記述として、最も適切なものはどれか。

ア　会計処理の原則および手続きを毎期継続して適用し、みだりに変更してはならない。

イ　株主総会提出のため、信用目的のため、租税目的のためなど種々の目的のために異なる形式の財務諸表を作成してはならない。

ウ　すべての費用および収益は、その支出および収入の時点において認識し、損益計算書に計上しなければならない。

エ 予測される将来の危険に備えて、合理的な見積額を上回る費用を計上することは、保守的な会計処理として認められる。

1 企業の目的とその活動

　まず、企業会計の対象である企業とはどのような目的を持って活動する存在であるかを考えてみましょう。

　例えば製造業を営む会社の場合、投資家や債権者から資金を調達して、その資金を生産設備等に投資し、生産した製品を販売することで投資した資金を回収し、そして回収した資金を投資家への配当や債権者への返済、再投資等にあてることでさらなる利益獲得や事業の拡大を目指していくことになります。そのため、「企業の目的」といっても様々ですが、究極的には利益の追求が企業の第一義的な目的となります。

【1-1-1　企業の利益獲得の流れ（資本循環過程）】

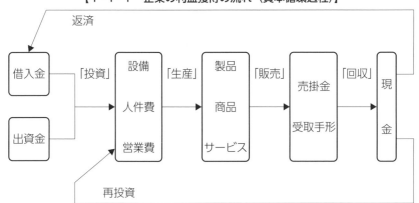

2 企業会計の目的

　経済社会の中で広く活動を営む企業には、その利益や返済能力などに関心を持つ様々な利害関係者（ステークホルダー）が存在します。例えば、企業の外部には株主（投資家）や債権者など、企業の内部には経営者などがいます。企業会計の目的は、企業の経営活動を計数的に表現した上で、これを利害関係者に報告することによって、利害関係者の判断を誤らせないようにすることにあります。

　また、企業会計には、企業の経営者に対し、企業会計により会社の事業展開などに関する意思決定に役立つ情報を提供する管理会計目的と、投資家や債権者などの企業外部の利害関係者に対し、株式等の購入や融資の可否といった意思決定に役立つ情報を提供する財務会計目的という、2種類の目的があります。

　特に、企業外部の利害関係者は企業の経営に関与しないため、企業に関する情報を手に入れる手段は少ないのが現状です。そこで、法律上、企業は財務諸表を作成することを義務づけられています。この財務諸表の作成を義務づけることで、企業に対して、株主や債権者から調達した資金の管理・維持・運用状態にかかる説明責任（アカウンタビリティ）を課しています。

【1-1-2　企業会計の2つの目的】

企業会計

財務会計目的

外部報告用

対象者：投資家、債権者など

管理会計目的

内部報告用

対象者：経営者など

3　財務諸表とは

　企業は、一定の期間で会計報告を行う必要があります。その期間のことを会計期間といいます。会計期間を1年とすることが普通です。

　企業は、①会計期間末に企業の財政状態、②会計期間にわたる利益や損失、を報告します。財務諸表とは、この①、②を表した書類をいい、主に①は貸借対照表で、②は損益計算書で報告されます。財務諸表は**計算書類**や**決算書**と呼ばれることもあります。

　例えば、企業の会計期間を4月1日から翌3月31日までの1年とすると、次のように図示することができます。

　この場合、4月1日を期首といい、3月31日を期末または決算日といいます。そしてこの期首から期末にかけての企業の経営活動をもとに財務諸表が作成されます。

過去問 トライアル解答　ア

☑チェック問題

　株式会社の会社法上の計算書類は、貸借対照表、損益計算書、株主資本等変動計算書、個別注記表、事業報告、附属明細書である。　　　　　　　⇒×

▶　いずれも会社法で規定されている書類であるが、このうち「計算書類」に含まれるのは、貸借対照表、損益計算書、株主資本等変動計算書、個別注記表のみである。

2 損益計算書

学 習 事 項　各種利益の内容

このテーマの要点

企業の収益と費用を一目で把握！

企業は、営業活動を行う中で売上や配当金の受け取りといった収益を上げ、原材料の調達や給与の支払いといった費用を支払います。その結果、利益（または損失）が決定され、その金額に従って法人税等の税金が確定されます。

これらの収益や費用は１年間に継続して得られる、あるいは費やされるものであり、これを１枚の財務諸表にまとめたものが損益計算書です。非常に重要な財務諸表です。

本テーマでは、損益計算書について学習します。

〈財務諸表が出来上がるまで〉

過去問 トライアル	オリジナル問題
	損益計算書の利益
類題の状況	－

次の損益計算書の空欄Ａ、Ｂのうち、最も適切なものの組み合わせを下記の解答群から選べ。

損益計算書

売上高	10,000
売上原価	3,000
（　　　　　）	7,000
販売費および一般管理費	4,000
（　　Ａ　　）	3,000
営業外収益	300
営業外費用	500
（　　　　　）	2,800
特別利益	0
特別損失	0
（　　Ｂ　　）	2,800
法人税等	1,120
（　　　　　）	1,680

〔解答群〕

ア　A：売上総利益　　　B：営業利益

イ　A：営業利益　　　　B：経常利益

ウ　A：営業利益　　　　B：税引前当期純利益

エ　A：経常利益　　　　B：税引前当期純利益

1　損益計算書の内容

損益計算書のひな形は以下の通りです。

【1-2-1　損益計算書のひな形】

損益計算書
株式会社A社
（×3年4月1日～×4年3月31日迄）

Ⅰ	売 上 高	1,000,000
Ⅱ	売 上 原 価	280,000
	売 上 総 利 益	720,000
Ⅲ	販 売 費 お よ び 一 般 管 理 費	
	： ：	650,000
	営 業 利 益	70,000
Ⅳ	営 業 外 収 益	
	： ：	4,000
Ⅴ	営 業 外 費 用	
	： ：	24,000
	経 常 利 益	50,000
Ⅵ	特 別 利 益	
	： ：	0
Ⅶ	特 別 損 失	
	： ：	0
	税 引 前 当 期 純 利 益	50,000
	法 人 税 等	20,000
	当 期 純 利 益	30,000

❶ 損益計算書で特に注目すべき科目

損益計算書で特に注目すべき科目とその定義は次の通りです。

売上高	1年間のトータルの売上を指します。
売上総利益	売上高から商品の仕入れなどにかかった売上原価を差し引いた利益。粗利益ともいいます。
営業利益	売上総利益から、家賃など本業を行う上でかかった経費を差し引いた利益。
経常利益	本業以外の利益も含めた日常的な経営活動による利益。
税引前当期純利益	経常利益に加え、数年に1度起きるような例外的な利益や損失を考慮した利益。
当期純利益	税引前当期純利益から法人税等を除いた利益。

❷ 販売費および一般管理費

販売費および一般管理費とは、売上原価以外で会社の本来の営業活動のためにかかった費用のことです。次のような費用が含まれます。

給料・賃金	従業員に対して支払う給料など
福利厚生費	従業員への福利厚生にかかった費用
広告宣伝費	広告活動にかかった費用
水道光熱費	水道、ガス、電気などにかかる費用
交際費	得意先の接待などに要した費用
保険料	各種の保険料
支払家賃	事務所などの家賃
減価償却費	営業目的で利用する固定資産の償却費

❸ 営業外収益

営業外収益とは、会社の本来の営業活動以外の活動から生じた収益のことです。次のような収益が含まれます。

受取利息	貸付金などの債権にかかる利息・預金の利息
受取配当金	保有する他社の株式にかかる配当金
有価証券評価益	売買目的有価証券を時価評価したときの評価益
有価証券売却益	有価証券の売却益
受取家賃	不動産を貸している場合に受け取る家賃
仕入割引	仕入割引の金額

④営業外費用

営業外費用とは、会社の本来の営業活動以外の活動から生じた費用のことです。次のような費用が含まれます。

支払利息	借入金などの債務にかかる利息
手形売却損	手形の割引を行う際に支払う割引料
有価証券評価損	売買目的有価証券を時価評価したときの評価損
有価証券売却損	有価証券の売却損
売上割引	売上割引の金額

⑤特別利益

特別利益とは、毎期経常的に発生するものではなく、臨時・例外的に生じた利益のことです。次のような利益が含まれます。

| 固定資産売却益 | 固定資産の売却益 |
| 国庫補助金受贈益 | 国などから補助金・助成金を受け取った金額 |

⑥特別損失

特別損失とは、毎期経常的に発生するものではなく、臨時・例外的に生じた損失のことです。次のような損失が含まれます。

| 固定資産売却損 | 固定資産の売却損 |
| 災害損失 | 火災や地震などの災害による損失 |

● OnePoint 着目する利益のポイント

　企業が利益を上げることは重要ですが、何によって企業が利益を上げているのかを損益計算書を見て確認することも重要です。例えば、営業利益はマイナスであるにもかかわらず、経常利益がプラスである場合、その企業は、営業活動のマイナスを株取引によるプラスで補っているかもしれません。一方で、経常利益までプラスであるにもかかわらず、特別損失が大きいことにより当期純利益が大きく圧迫されている場合には、翌年は大きく利益を出す可能性もあります。損益計算書は、このように企業が収益を上げている方法についての情報を提供してくれるため、中小企業診断士として是非とも確認しておきたい財務諸表であるといえます。

過去問 トライアル解答 　ウ

　売上高から売上原価と販売費および一般管理費を控除したものは「営業利益」、経常利益に特別利益を加算し、特別損失を控除したものは「税引前当期純利益」である。　　　　　　　　　　　　　　　　　　　　　　　　　　　　　　⇒○

▶　損益計算書の形式は、確実に覚えること。

MEMO

3 企業会計の目的と財務諸表の種類
貸借対照表

学 習 事 項 流動資産，流動負債，固定資産，固定負債，ワン・イヤー・ルール

このテーマの要点

流動・固定分類を理解する！

貸借対照表は、企業の一定時点の財政状態を表す財務諸表です。この財政状態とは、具体的には資産、負債、純資産という内容で示されます。資産から負債を控除した大きさを純資産といいますが、この純資産が多い企業は一般に財政状態が良いというように判断されます。ただし、受験上は、資産（あるいは負債）の流動・固定の分類が大切になります。そこで、ここでは流動・固定の分類について説明します。経営分析にも関連しますので、しっかりと理解しましょう。

〈貸借対照表のイメージ〉

〈流動資産〉現金・預金商品など	〈負債〉借入金・買掛金など
〈固定資産〉建物・機械など	〈純資産〉資本金・過去の利益など

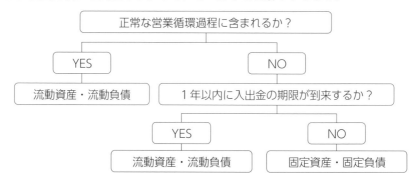

正常な営業循環過程に含まれるか？

YES → 流動資産・流動負債

NO → 1年以内に入出金の期限が到来するか？

　YES → 流動資産・流動負債

　NO → 固定資産・固定負債

過去問 トライアル	平成5年度　第8問
	貸借対照表
類題の状況	R04-Q2　H17-Q8

貸借対照表の表示に関する記述として、最も適切なものはどれか。

ア　売掛金は、代金が回収されるまでの期間の長短にかかわらず流動資産に分類される。

イ　株式は、その保有目的にかかわらず流動資産に分類される。

ウ　棚卸資産は、決算日の翌日から起算して1年以内に販売されるものは流動資産に、1年を超えるものは固定資産に分類される。

エ　長期借入金は、時の経過により、返済期日が決算日の翌日から起算して1年以内となっても、固定負債に分類される。

貸借対照表のひな形は次の通りです。

【1-3-1 貸借対照表のひな形】

貸 借 対 照 表
(×4年3月31日現在)

資産の部			負債の部		
Ⅰ　流動資産			Ⅰ　流動負債		
現金および預金		13,500	買掛金		29,800
受取手形	10,000		短期借入金		22,900
貸倒引当金	△100	9,900	未払法人税等		200
売掛金	15,000		未払費用		500
貸倒引当金	△500	14,500	前受収益		1,000
有価証券		2,000	賞与引当金		1,500
商品		30,000	流動負債合計		55,900
前払費用		1,000	Ⅱ　固定負債		
未収収益		1,200	社債		15,000
流動資産合計		72,100	長期借入金		20,000
Ⅱ　固定資産			退職給付引当金		5,000
1．有形固定資産			固定負債合計		40,000
土地		33,000	負債合計		95,900
建物	50,000		純資産の部		
減価償却累計額	△10,000	40,000	Ⅰ　株主資本		
			1．資本金		35,000
2．無形固定資産			2．資本剰余金		
のれん		1,000	資本準備金		10,000
			その他資本剰余金		2,000
3．投資その他の資産			資本剰余金合計		12,000
関係会社株式		3,500	3．利益剰余金		
投資有価証券		3,000	利益準備金		2,000
長期貸付金	2,000		その他利益剰余金		
貸倒引当金	△200	1,800	任意積立金		1,500
			繰越利益剰余金		10,000
			利益剰余金合計		13,500
			4．自己株式		△1,000
固定資産合計		82,300	株主資本合計		59,500
Ⅲ　繰延資産			Ⅱ　評価・換算差額等		0
開業費		1,000	Ⅲ　新株予約権		0
繰延資産合計		1,000	純資産合計		59,500
資産合計		155,400	負債・純資産合計		155,400

これらの項目のうち、特に重要なものについて定義を押さえましょう。

❶ 流動資産

流動資産とは、現金などの支払手段および比較的短期間のうちに現金化することが見込まれる資産のことをいいます。流動資産に含まれる代表的な項目に次のものがあります。

現金・預金	会社の保有する現金および当座預金など
売掛金	営業取引を行ったものの、まだ未入金となっている金額
受取手形	営業取引を行ったものの、まだ未入金となっているもののうち、手形と呼ばれる証券で受け取ったもの
貸倒引当金	売掛金や受取手形などは、会社の倒産により回収されないことがあるため、そのリスクに備え、一定額をあらかじめ計上したもの
有価証券	国が発行する国債、地方公共団体が発行する地方債、会社が発行する社債や株式などのうち、短期的に売買することにより利益を獲得することを目的として保有する有価証券（売買目的有価証券）や、1年以内に満期日が到来する債券
商品	期末における未販売の商品

❷ 固定資産

固定資産とは、会社が事業活動のために長期にわたって所持・利用する資産のことをいいます。固定資産は、機械や建物といった有形固定資産と、ソフトウェアやのれんといった無形固定資産があります。固定資産に含まれる代表的な項目に次のものがあります。

(1) 有形固定資産に含まれるもの

建物	事業活動を行う上で保有する建物
土地	事業活動を行う上で保有している土地
備品	机や椅子といった会社で使用される備品
車両運搬具	事業活動で使用される車両などの運搬具

(2) 無形固定資産に含まれるもの

ソフトウェア	自社で使用するためのソフトウェア
のれん	他の企業などを買収した際に生じる買収額と正味の資産の差額

③ 流動負債

　流動負債とは、比較的短期間のうちに現金等の財産の流出に結びつくことが見込まれる債務などのことをいいます。流動負債に含まれる代表的な項目に次のものがあります。

買掛金	営業取引を行ったものの、まだ未払いとなっている金額
支払手形	営業取引を行ったものの、まだ未払いとなっているもののうち、手形と呼ばれる証券で支払ったもの
短期借入金	期末において有する借入金のうち、返済日までの期間が1年以内のもの
未払法人税等	期末における法人税・住民税および事業税の未払額

④ 固定負債

　固定負債とは、流動負債と比較して財産の流出に結びつくまでの期間が長い債務などのことをいいます。固定負債に含まれる代表的な項目に次のものがあります。

社債	会社が資金調達のために社債券と呼ばれる有価証券を発行したことに伴い生じる債務で、償還期限が1年を超えるもの
長期借入金	期末において有する借入金のうち、返済日までの期間が1年を超える借入金

2　正常営業循環基準

　正常営業循環基準とは、企業の主たる営業活動にかかる循環過程（正常営業循環過程）の中にある資産や負債を流動資産あるいは流動負債に分類する基準です。

　ここでいう「正常営業循環過程」とは、販売業を前提とするなら商品売買取引にかかわるサイクルのことを指すもので、①商品を仕入れ、②商品を販売し、③販売代金を回収し、④回収した代金でもって再び商品を仕入れるという流れをいいます。

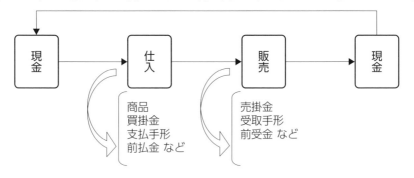

3　1年基準（ワン・イヤー・ルール）

　1年基準とは、決算日翌日（例：3月31日決算ならば、翌期の4月1日）から1年以内に現金の収入ないし支出に結びつくと見込まれるものについては流動項目とし、現金の収支に結びつくまでに1年超かかると見込まれるものについては固定項目とする基準です。

4　注意すべき流動・固定分類

（流動・固定の分類のポイント）
1．恒常在庫　……流動資産（例：何年も売れないワイン……固定資産ではない）
2．耐用年数が1年未満になった固定資産　……固定資産
　　（例：決算日時点で残り半年しか使用できない機械……流動資産ではない）
3．（定期）預金　……営業活動から生じたものではないので、1年基準が適用される。
　　　1年以内に満期が到来：流動資産　　1年を超えて到来：固定資産（長期性預金）
4．経過勘定項目　……前払費用だけ1年基準を適用。それ以外……流動項目

●OnePoint　貸借対照表で分かること

　貸借対照表では、企業がどのような手法で現金や預金、商品等の資産を入手しているかをつかむことができます。例えば、「現金が100万円ある」と一口にいっても、それが利益によってもたらされた現金なのか、単に借入れによって調達したものかは分かりませんが、貸借対照表を参照すればすぐに分かります。負債が多すぎないか、すぐに換金できるお金はどれくらいあるか、といった会社のフトコロ具合をつかむには、貸借対照表を参照しましょう。具体的な分析方法は第2分野「経営分析」で解説します。

過去問　トライアル解答　ア

☑チェック問題

　たな卸資産のうち恒常在庫品として保有するもの、もしくは余剰品として長期間にわたって所有するものは、固定資産に含ませるものとする。　　　　⇒×
▶　恒常在庫品や余剰品については、長期間にわたって所有するものであっても固定資産とせず、流動資産に含ませる。（正常営業循環基準を適用する。）

第**2**分野

経営分析

経営分析

1 各テーマの関連

経営分析	安全性分析	2-1	流動性・資本構成
	収益性分析	2-2	利益率と回転率
	生産性分析	2-3	付加価値生産性
	企業価値分析	2-4	株価や配当などに関する比率

　企業は、経営活動の状況やその成果を分析し、あるいは企業の将来の活動を計画する目的で、様々な経営情報を収集、整理、比較、検討して、企業の経営内容に関する財政状態や経営成績の評価を行います。経営分析の基礎となる経営情報は、主に財務諸表の情報ですが、必要に応じて非財務的情報（従業員数など）も利用されます。

　経営分析では、流動性（債務を約定通りに返済する能力および財務体質）、付加価値生産性（資本や労働等の生産要素の投入に対する付加価値の算出割合）、収益性（企業を維持・発展させるために利益を獲得する能力）、企業価値（企業の株価を高め、配当する能力）などを評価します。

　本分野では、代表的な経営分析の手法として、短期および長期の流動性分析、付加価値生産性分析、収益性分析（利益率と資産効率）、および企業価値分析（株価や配当などに関する比率）について説明します。

2 出題傾向の分析と対策

❶ 出題傾向

#	テーマ	H26	H27	H28	H29	H30	R01	R02	R03	R04	R05
2-1	流動性・資本構成	1		1	2		1	2	1		2
2-2	利益率と回転率	1	1		1		1				1
2-3	付加価値生産性					1					2
2-4	株価や配当などに関する比率		1						1	1	1

❷ 対策

　「経営分析」の分野においては、安全性（流動性・資本構成）、付加価値生産性、収益性（利益率と回転率）、企業価値（株価や配当などに関する比率）に関する経営指標について、指標値に基づく経営評価の方法を問う問題、財務諸表データから指標値を計算させる問題、指標相互の関係を問う問題などがよく出されます。経営指標による経営分析は、2次試験の事例Ⅳ（財務・会計の事例）でも毎年必ず出題されますので、最重要学習事項の1つといえます。

　対策としては、まずは、分析すべき経営特性（流動性、付加価値生産性、収益性、企業価値）の意義を理解してください。そして、それぞれの経営特性を評価するための具体的な経営指標とその計算方法を確実に理解・記憶してください。経営指標の公式は、丸暗記するのではなく、貸借対照表（B／S）と損益計算書（P／L）のどこから数値を取り出してどのような計算をするのかを視覚的にイメージしながら理解してください。さらに、テキストの例題や問題集で多くの具体的な計算に触れることが理解を定着させる最良の方法となります。

1 安全性分析
流動性・資本構成

学習事項 流動比率，当座比率，固定比率，固定長期適合率，自己資本比率，負債比率，D／Eレシオ

このテーマの要点

流動性分析の意義、指標、方法を押さえよう

本テーマでは、経営分析の1つである流動性分析について学習します。

流動性とは、債務を約定通りに返済する能力および財務体質です。流動性を評価する流動性分析には、短期的な流動性に関する分析（短期流動性分析）と、長期的な流動性に関する分析（長期流動性分析）があり、いずれも主に貸借対照表（B／S）の数字を使います。

短期流動性分析は、概ね2～3年以内に企業が倒産する心配がないかどうかに関する判断です。債務返済に十分な短期的な支払能力があるかどうかを評価する指標として、流動比率や当座比率があります。

長期流動性分析は、概ね3年以上の長期的な将来に不況や営業不振等の経営環境に耐えうる能力があるかどうかを問題にします。長期的な資

〈流動性指標の概要〉

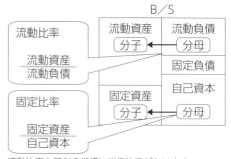

流動比率と類似の指標に当座比率があります。
固定比率と類似の指標に固定長期適合率があります。

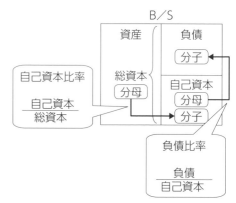

産運用と資金調達手段の対応関係（長期的支払能力)を評価する指標として、固定比率や固定長期適合率があります。また、資金調達構造の健全性を評価する指標として、自己資本比率や負債比率があります。

過去問 トライアル	平成21年度　第7問（設問2）
	流動比率、固定長期適合率、負債比率
類題の状況	R05-Q11　R05-Q11⑴(再)　R03-Q10⑴　R02-Q11　R02-Q12 R01-Q11⑴　H29-Q11　H29-Q12　H28-Q9⑵　H26-Q10 H25-Q5⑵　H23-Q9　H20-Q11　H19-Q9　H17-Q4

　当期と前期との比較貸借対照表（要約）と比較損益計算書（要約）は次のとおりである。これらに基づいて以下の設問に答えよ。

比較貸借対照表（要約）　（単位：百万円）

資　産	前期	当期	負債・純資産	前期	当期
現 金 預 金	60	30	支 払 手 形	30	30
受 取 手 形	40	60	買 　 掛 　 金	70	60
売 　 掛 　 金	80	100	短 期 借 入 金	40	50
有 価 証 券	20	20	長 期 借 入 金	60	100
棚 卸 資 産	50	80	資 　 本 　 金	100	100
有形固定資産	120	130	資 本 剰 余 金	20	30
無形固定資産	30	20	利 益 剰 余 金	80	70
合 　 計	400	440	合 　 　 計	400	440

（注）　前期期首資産合計は380百万円である。

比較損益計算書（要約）　（単位：百万円）

科　目	前期	当期
売 　 上 　 高	400	420
売 　 上 　 原 　 価	180	190
売 上 総 利 益	220	230
販売費および一般管理費	100	120
営 　 業 　 利 　 益	120	110
営 業 外 収 益	10	10
営 業 外 費 用	30	20
経 　 常 　 利 　 益	100	100
特 　 別 　 利 　 益	10	10
特 　 別 　 損 　 失	20	10
税引前当期純利益	90	100
法 人 税 等	36	40
当 期 純 利 益	54	60

（設問）

　流動性について前期と当期を比較した記述として、最も適切なものはどれか。

ア　固定長期適合率は悪化し、負債比率も悪化した。

イ　固定長期適合率は良化したが、負債比率は悪化した。

ウ　流動比率は悪化したが、負債比率は良化した。

エ　流動比率は良化し、負債比率も良化した。

1 短期流動性の分析

❶ 流動比率

流動比率は、概ね１年以内に現金化できる流動資産と概ね１年以内に支払義務が発生する流動負債とを対比して、企業の短期的な債務支払能力を評価する指標です。

$$流動比率（％）＝\frac{流動資産（＊１）}{流動負債（＊２）}×100$$

＊１　流動資産＝貸借対照表の流動資産総額

＊２　流動負債＝貸借対照表の流動負債総額

❷ 当座比率

当座比率は、流動比率の式における分子の流動資産を、より現金回収可能性の高い当座資産に置き換えた指標です。

$$当座比率（％）＝\frac{当座資産（＊３）}{流動負債}×100$$

＊３　当座資産＝現金・預金＋受取手形＋売掛金＋有価証券（ただし、受取手形と売掛金は、貸倒引当金控除後の金額）

● OnePoint　流動資産

①流動資産で流動負債を賄えるように、日本では一般的に流動比率が120％以上あれば良好であるとされています。（ただし、業種などによって望ましい値は異なります。）

②棚卸資産は、流動資産には含まれますが、顧客に販売できるまでは現金回収の目途が立たないので、当座資産には含まれません。

③当座比率は100％以上であることが望ましいとされています。

---

2 長期流動性の分析

[1] 長期的支払能力を示す指標

❶固定比率

固定比率は、固定資産投資の調達と運用のバランスを示します。固定資産投資は回収に長期間を要するので、返済義務のない自己資本で賄うのが望ましいという考えによる指標です。

$$固定比率（\%）＝\frac{固定資産（＊4）}{自己資本（＊5）}×100$$

＊4 固定資産＝貸借対照表の固定資産総額

＊5 自己資本＝貸借対照表の純資産の部－新株予約権（－少数株主持分）

❷固定長期適合率

固定長期適合率は、固定比率の式における分母の自己資本を、固定負債と自己資本の合計に置き換えた指標です。固定資産投資を自己資本のみで賄うのは現実的には困難である場合が多いため、負債の中でも長期間で返済すればよい固定負債については、自己資本と同様に固定資産投資にあててもよいとする考え方に基づく指標です。

$$固定長期適合率（\%）＝\frac{固定資産}{固定負債（＊6）＋自己資本}×100$$

＊6 固定負債＝貸借対照表の固定負債総額

● OnePoint 固定資産投資

固定資産投資は自己資本によって賄うべきであるということは、固定比率が100%以下であることが望ましいということです。しかし、現実には固定比率を100%以下とするのは難しい場合が多いため、一般的には固定長期適合率が100%以下であれば健全であるとされています。

---

［2］ 資本構成の安全性を示す指標

❶ 自己資本比率（株主資本比率）

　自己資本比率は、総資本に占める自己資本の割合を示します。自己資本には返済義務がないため、自己資本比率が高いほど企業の長期的な財務安定性は高いといえます。

$$自己資本比率（\%）= \frac{自己資本}{総資本（＊7）} \times 100$$

　＊7　総資本＝貸借対照表の負債の部と純資産の部の合計額

❷ 負債比率

　負債比率は、自己資本に対する負債の割合を示します。負債に対して自己資本が大きいほど財務安定性は高いので、負債比率は低いのが望ましいといえます。

$$負債比率（\%）= \frac{負債（＊8）}{自己資本} \times 100$$

　＊8　負債＝貸借対照表の負債総額

● OnePoint　資本構成のジレンマ

①自己資本比率が高いことは、財務安定性の観点からは望ましいのですが、「8－2　財務レバレッジ」のテーマで学習するように、財務レバレッジは自己資本比率の逆数となるため、収益性の観点からは、自己資本比率は高いほど望ましいとは限りません。

②負債比率の式の分子を金利負担のある有利子負債に限定した指標であるD／Eレシオは、企業の財務安定性の目安とされ、100％以下が望ましいとされています。

過去問 トライアル解答　　イ

☑チェック問題

A社（当座資産160、総資本470、流動負債140、自己資本250）とB社（当座資産180、総資本440、流動負債140、自己資本200）を比べると、自己資本比率と当座比率はいずれもA社がB社より良好である。（単位：百万円）　⇒×

▶　自己資本比率は、A社が約53％（＝250÷470×100）、B社が約45％（＝200÷440×100）であり、A社がB社より良好である。当座比率は、A社が約114％（＝160÷140×100）、B社が約129％（＝180÷140×100）であり、B社がA社より良好である。

収益性分析

2 利益率と回転率

学 習 事 項　経営分析，資本利益率，売上高利益率，資本回転率

このテーマの要点

収益性分析の意義、指標、方法を押さえよう

本テーマでは、経営分析の1つである**収益性分析**について学習します。

収益性とは、企業を維持・発展させるために利益を獲得する能力です。収益性分析には、損益計算書（P／L）と貸借対照表（B／S）の数字を使います。

収益性分析の基本的な指標は、企業が使用した資本に対して獲得できた利益の割合を示す**資本利益率**です。また、資本利益率は、**売上高利益率**と**資本回転率**の掛け算に分解することができます。

〈収益性指標の概要〉

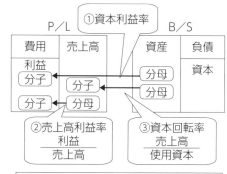

売上高利益率は、売上高に対する利益の割合です。売上高から企業運営に使う費用を差し引いてどれだけの利益が残せるかを示す指標となります。

資本回転率は、資本の使用効率性を示す比率です。企業が資産を得るために集めた資本でどれだけ多くの売上高が獲得できるかを示す指標となります。なお、資本回転率による資本効率の分析は、**効率性分析**とも呼ばれます。

売上高利益率と資本回転率が大きいほど資本利益率は大きくなり、収益性が高くなるので、望ましいといえます。

過去問トライアル	平成23年度　第9問
	資本利益率の分解について
類題の状況	R05-Q11⑵(再)　R01-Q11⑵　H29-Q11　H27-Q11⑴ H26-Q10　H25-Q5⑴　H22-Q8　H21-Q7　H20-Q11 H18-Q14　H17-Q4

A社とB社の貸借対照表（要約）と損益計算書（要約）は次のとおりである。これらに基づいて以下の設問に答えよ。

貸借対照表（要約）

（単位：百万円）

資産	A 社	B 社	負債・純資産	A 社	B 社
現　金　預　金	120	50	支　払　手　形	70	40
受　取　手　形	80	70	買　　掛　　金	140	60
売　　掛　　金	160	80	短　期　借　入　金	90	50
有　価　証　券	40	50	長　期　借　入　金	100	150
た　な　卸　資　産	100	150	資　　本　　金	200	120
有　形　固　定　資　産	240	160	資　本　剰　余　金	140	110
無　形　固　定　資　産	60	40	利　益　剰　余　金	60	70
合　　計	800	600	合　　計	800	600

損益計算書（要約）

（単位：百万円）

科目	A 社	B 社
売　上　高	1,200	1,000
売　上　原　価	800	700
売　上　総　利　益	400	300
販売費および一般管理費	280	190
営　業　利　益	120	110
営業外収益	90	40
営業外費用	30	20
経　常　利　益	180	130
特別利益	40	30
特別損失	20	10
税引前当期純利益	200	150
法人税等	80	60
当期純利益	120	90

（設問1）

　売上高売上原価率、売上高営業利益率、総資本回転率について、A社がB社より良好な場合（Ⓐで表す）とB社がA社より良好な場合（Ⓑで表す）の組み合わせとして最も適切なものはどれか。

ア　売上高売上原価率：Ⓐ　売上高営業利益率：Ⓐ　総資本回転率：Ⓐ

イ　売上高売上原価率：Ⓐ　売上高営業利益率：Ⓐ　総資本回転率：Ⓑ

ウ　売上高売上原価率：Ⓐ　売上高営業利益率：Ⓑ　総資本回転率：Ⓐ

エ　売上高売上原価率：Ⓐ　売上高営業利益率：Ⓑ　総資本回転率：Ⓑ

オ　売上高売上原価率：Ⓑ　売上高営業利益率：Ⓑ　総資本回転率：Ⓐ

（設問2）

　流動比率、当座比率、固定比率について、A社がB社より良好な場合（Ⓐで表す）とB社がA社より良好な場合（Ⓑで表す）の組み合わせとして最も適切なものはどれか。

ア　流動比率：Ⓐ　　当座比率：Ⓐ　　固定比率：Ⓐ

イ　流動比率：Ⓐ　　当座比率：Ⓐ　　固定比率：Ⓑ

ウ　流動比率：Ⓐ　　当座比率：Ⓑ　　固定比率：Ⓐ

エ　流動比率：Ⓑ　　当座比率：Ⓐ　　固定比率：Ⓐ

オ　流動比率：Ⓑ　　当座比率：Ⓑ　　固定比率：Ⓑ

1　経営分析

　経営分析とは、企業の経営活動の状況や成果を分析し、将来の活動を計画する目的で、種々の経営情報を収集、整理、比較、検討する技法です。経営分析に使う経営情報は、主に財務諸表の情報ですが、必要に応じて非財務的情報（従業員数など）も使います。

　経営分析には、投資家、債権者、証券アナリストなどの企業の外部者が企業評価のために行う**外部分析**と、経営者が企業内の経営管理のために行う**内部分析**があります。

　経営分析では、目的に応じた各種の指標値を算出・比較し、問題点の抽出および改善策の検討を行います。指標として財務諸表の科目（「売上高」など）の金額そのものを使う分析を実数分析といい、「利益」を「売上高」で割った比率などを使う分析を比率分析といいます。指標の比較方法には、同一企業における複数期間の指標値を比較する期間比較（時系列比較）と、他企業や同業種と自社とを比較する相互比較があります。

● OnePoint　経営分析の内容

経営分析の内容には、以下のようなものがあります。
①収益性分析
②流動性分析
③キャッシュ・フロー分析
④生産性分析
⑤企業価値分析
経営分析の手法は、2次試験の事例Ⅳにおいても大変重要ですので、十分に理解してください。

2　資本利益率

　収益性は、企業が使用する資本とそれを用いて獲得した利益によって評価できますので、使用資本に対する利益の比率である資本利益率が収益性分析の基本的な指標となります。資本利益率が大きい方が、収益性は高く望ましいといえます。計算に使う使用資本と利益の選び方によって資本利益率には様々なものがありますが、わが国で伝統的によく使われるのは総資本経常利益率です。

$$総資本経常利益率（％）＝\frac{経常利益（＊1）}{総資本（＊2）}×100$$

＊1　経常利益＝損益計算書における経常利益
＊2　総資本＝貸借対照表の負債の部と純資産の部の合計額

● OnePoint　資本利益率

　資本利益率は、売上高利益率と資本回転率の掛け算に分解できます。

$$資本利益率＝売上高利益率×資本回転率$$

3 売上高利益率

売上高利益率は、売上高に対する利益の割合です。売上高利益率が大きい方が、収益性は高く望ましいといえます。

$$売上高利益率（\%） = \frac{利益}{売上高（*3）} \times 100$$

＊3　売上高＝損益計算書における売上高

分子の利益として何を使うかにより、以下のような売上高利益率の指標があります。

(1)	売上高総利益率（粗利益率）	利益として損益計算書の売上総利益を用いた指標
(2)	売上高営業利益率	利益として損益計算書の営業利益を用いた指標
(3)	売上高経常利益率	利益として損益計算書の経常利益を用いた指標
(4)	売上高当期純利益率	利益として損益計算書の当期純利益を用いた指標

● OnePoint　費用面からの分析

収益性分析では、主に利益面からの分析が行われますが、費用面からの分析を行う必要がある場合には、売上高に対する費用の割合を示す売上高原価率、売上高人件費率、売上高金融費用比率などの指標を使います。

4 資本回転率

資本回転率は、資本の使用効率性を示す比率です。資本回転率が大きい方が、少ない資本で多くの売上高を獲得していることになり、資本効率性が高く望ましいといえます。

$$資本回転率（回／年） = \frac{売上高（*4）}{使用資本}$$

＊4　売上高＝損益計算書における売上高（年間）

分母の使用資本として何を使うかにより、以下のような資本回転率の指標があります。

(1)	総資本（総資産）回転率	使用資本として総資本を用いた指標
(2)	売上債権回転率	使用資本として売上債権を用いた指標
(3)	棚卸資産回転率	使用資本として棚卸資産を用いた指標
(4)	有形固定資産回転率	使用資本として有形固定資産を用いた指標

● OnePoint　資本回転期間

　資本の使用効率性を示す指標として、使用資本が1回転して同額の売上高を獲得するのにかかる期間である資本回転期間を使う場合もあります（資本回転期間（年）＝使用資本÷年間売上高）。なお、資本回転期間を月単位、日単位で示す場合には、年単位の値にそれぞれ12、365を掛けてください。

過去問　トライアル解答 ▶ **(1)エ
(2)オ**

☑チェック問題

　株主資本利益率16％、売上高利益率2％、総資産回転率2回、総資産額1,000万円のとき、株主資本（自己資本）額は、250万円である。　　　　　⇒○

▶　売上高＝総資産額（1,000万円）×総資産回転率（2回）＝2,000万円、利益＝売上高（2,000万円）×売上高利益率（2％）＝40万円、株主資本額＝利益（40万円）÷株主資本利益率（16％）＝250万円　と計算される。

---

3 生産性分析
付加価値生産性

学 習 事 項 付加価値生産性，労働装備率，設備生産性，１人あたり売上高，付加価値率

このテーマの要点

生産性分析の意義、指標、方法を押さえよう

本テーマでは、経営分析の１つである**生産性分析**について学習します。

生産性とは、生産要素（資本や労働等）の投入に対する付加価値の算出割合を指します。**付加価値**とは、企業が新たに創造した価値をいい、具体的には、生産物の価値のうち外部から購入した価値を除く部分を指します。付加価値は、各生産要素に対し、その貢献度に応じて利潤や賃金という形で配分されます。

〈生産性指標の概要〉

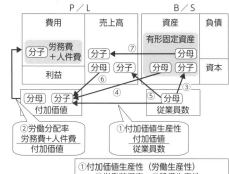

生産性分析は、企業の生産構造の強みや効率性を評価することを目的とし、損益計算書（Ｐ／Ｌ）と貸借対照表（Ｂ／Ｓ）の数字、および従業員数を使って行います。

生産性分析の基本的な指標は、**付加価値生産性（労働生産性）**と**労働分配率**です。付加価値生産性（労働生産性）については、**労働装備率**と**設備生産性**の掛け算などに展開できます。

過去問 トライアル	令和５年度　第12問
	付加価値率、労働生産性
類題の状況	H30-Q10　H24-Q10　H18-Q9(2)

当社とその競合会社であるＦ社に関する以下の資料に基づき、下記の設問に答えよ。ただし、金額の単位は万円とする。

【資料】

	当社	F社
資産合計	64,000	86,000
有形固定資産合計	16,000	20,000
売上高	48,000	112,000
付加価値	12,000	22,400
うち人件費	7,800	16,800
従業員数	20人	40人

（設問1）

　当社の付加価値率として、最も適切なものはどれか。

ア　20％

イ　25％

ウ　65％

エ　75％

（設問2）

　当社とF社の生産性に関する記述として、最も適切なものはどれか。

ア　労働生産性はF社が上回っているが、その要因は設備生産性が当社のそれを上回っていることにある。

イ　労働生産性はF社が上回っているが、その要因は労働装備率が当社のそれを上回っていることにある。

ウ　労働生産性は当社が上回っているが、その要因は設備生産性がF社のそれを上回っていることにある。

エ　労働生産性は当社が上回っているが、その要因は労働装備率がF社のそれを上回っていることにある。

2
経営分析

付加価値の算定式は、以下のように定義されています。

> 付加価値（円）＝ 経常利益＋労務費（＊1）＋人件費（＊2）＋金融費用（支払利息）－金融収益（受取利息・配当金）＋賃借料（＊3）＋租税公課（＊4）＋減価償却費（＊5）

＊1　労務費＝製造原価報告書の労務費

＊2　人件費＝損益計算書の「販売費および一般管理費」に含まれる人件費

＊3　賃借料＝製造原価報告書の経費内訳、および損益計算書の「販売費および一般管理費」に含まれる賃借料

＊4　租税公課＝製造原価報告書の経費内訳、および損益計算書の「販売費および一般管理費」に含まれる租税公課

＊5　減価償却費＝製造原価報告書の経費内訳、および損益計算書の「販売費および一般管理費」に含まれる減価償却費

● **OnePoint**　付加価値のイメージ

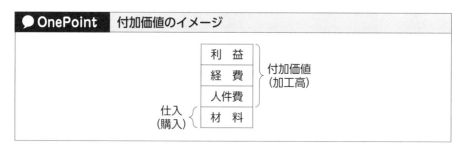

---

2 付加価値生産性（労働生産性）

①付加価値生産性（労働生産性）

　従業員1人あたりの付加価値であり、生産性分析の最も重要な指標です。ただし、この指標のみで分析することは少なく、後述のように各生産要素に展開して分析されます。

$$付加価値生産性（円）＝\frac{付加価値}{従業員数（＊1）}$$

＊1　従業員数＝付加価値算定単位における従業員数

② 付加価値生産性の展開（その1）

付加価値生産性の式に**売上高**を組み込むと、以下の展開公式を得ます。

$$付加価値生産性（円）= \frac{付加価値}{売上高} \times \frac{売上高}{従業員数}$$

【付加価値率】　【1人あたり売上高】

付加価値率は、売上高に対してどれだけの付加価値を創出しているかを示す指標です。

③ 付加価値生産性の展開（その2）

付加価値生産性の式に**有形固定資産**を組み込むと、以下の展開公式を得ます。

$$付加価値生産性（円）= \frac{付加価値}{有形固定資産} \times \frac{有形固定資産}{従業員数}$$

【設備生産性】　【労働装備率】

設備生産性は、有形固定資産単位あたりの付加価値の創出額であり、企業の設備投資効率を示す指標です。労働装備率は、従業員1人あたりの有形固定資産の額であり、生産活動の機械化・自動化の程度や設備投資への積極性の度合いを知ることができます。

④ 付加価値生産性の展開（その3）

付加価値生産性の式に**売上高**と**有形固定資産**を組み込むと、以下の展開公式を得ます。

$$付加価値生産性（円）= \frac{付加価値}{売上高} \times \frac{売上高}{有形固定資産} \times$$

【付加価値率】　【有形固定資産回転率】

$$\frac{有形固定資産}{従業員数}$$

【労働装備率】

● OnePoint　付加価値率が高い業種・低い業種

〈付加価値率が高い業種〉
・技術集約度が高い業種
・外部仕入れの少ない第3次産業

〈付加価値率が低い業種〉
・技術集約度が低い業種
・外注依存度が高い自動車産業など
・仕入れて販売するだけの業種

　付加価値が各生産要素へと分配される割合を示す指標を付加価値分配率といいます。このうち、労働へと分配された割合を示す指標を労働分配率といいます。労働分配率は、生産性分析において、付加価値生産性と並ぶもう1つの重要な指標です。

$$労働分配率（\%）= \frac{労務費＋人件費}{付加価値} \times 100$$

💬 OnePoint ┃ 付加価値分配率

　経営分析上は、付加価値分配率といった場合、通常、労働分配率を指します。

過去問 トライアル解答　(1)イ
　　　　　　　　　　　　　(2)エ

☑チェック問題

　付加価値率に前期と当期で変化がなく、平均従業員数が前期は30人、当期は32人であり、また、売上高が前期は1,000百万円、当期は1,200百万円であるとき、従業員1人あたり売上高が上昇し、付加価値生産性（労働生産性）も上昇した。　　　　　　　　　　　　　　　　　　　　　　　　　　　　　　⇒○

▶　従業員1人あたり売上高は、前期が33.3百万円（＝1,000百万円÷30人）、当期が37.5百万円（＝1,200百万円÷32人）であり、上昇した。また、付加価値生産性（労働生産性）＝（付加価値÷売上高）×（売上高÷従業員数）＝付加価値率×従業員1人あたり売上高　であり、付加価値率に前期と当期で変化がないことから、従業員1人あたり売上高の上昇に伴い、付加価値生産性（労働生産性）も上昇した。

4 企業価値分析
株価や配当などに関する比率

学習事項 株価の基本式，株価評価の指標

このテーマの要点

株価評価の意義、指標、方法を押さえよう

本テーマでは、経営分析の1つである企業価値分析について学習します。企業価値は、企業の利害関係者（ステークホルダー）である投資家（株主）、債権者、取引先などが関心を持ち、また企業買収においても重要な意味を持ちます。企業価値の評価にはいくつかの方法がありますが、企業価値を株主の立場から見ることにすると、株式市場において成立する株価が企業価値評価の基本的な指標となります。株価の評価には、株主の関心事である配当金、当期純利益、キャッシュ・フロー（CF）、純資産などに基づく各種の指標を用います。具体的には、各種指標の値を算出し、業界平均や類似企業との比較により、株価の妥当性を分析します。

〈株価評価指標の概要〉

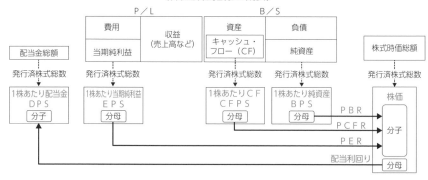

過去問 トライアル	平成20年度　第13問
	株価純資産倍率（PBR）、株価収益率（PER）
類題の状況	R05-Q14(2)　R04-Q23　R03-Q22(2)　H27-Q4　H25-Q20(1)(2) H24-Q20(1)　H21-Q20　H19-Q12　H17-Q12

株式評価に関する次の記述のうち、最も適切なものの組み合わせを下記の解答群から選べ。

a　PBRの値が1より小さいと、株価は1株当たり純資産より高く評価されている。

b　PBRの値が1より小さいと、株価は1株当たり純資産より低く評価されて

いる。

c　PERは、EPSを株価で除して算出される。

d　PERは、株価をEPSで除して算出される。

〔解答群〕

ア　aとc　　　**イ**　aとd　　　**ウ**　bとc　　　**エ**　bとd

---

1 株価の基本式

株式時価総額は、株価と発行済株式総数の掛け算によって求められますので、株価の基本式は、以下の通りとなります。

$$株価（円） = \frac{株式時価総額}{発行済株式総数}$$

この株価の基本式を以下に示すような様々な方法で変形することにより、株価の評価（＝企業価値の評価）に関する各種の評価指標が導き出されます。

2 株価評価の指標

① 1株あたりの配当（DPS）と配当利回り

上述の株価の式に配当金（総額）を組み込むと、以下の展開公式を得ます。

$$株価（円） = \frac{配当金（総額）}{発行済株式総数} \div \frac{配当金（総額）}{株式時価総額}$$

【1株あたり配当金（＊1）】　　【配当利回り（%）】

＊1　1株あたりの配当金＝英語ではDPS（Dividend Per Share）です。

この式を変形すると、$$配当利回り（%） = \frac{1株あたり配当金}{株価}$$ となります。

② 1株あたりの当期純利益（EPS）と株価収益率（PER）

上述の株価の式に当期純利益（総額）を組み込むと、以下の展開公式を得ます。

$$\boxed{株価（円）} = \underbrace{\frac{当期純利益}{発行済株式総数}}_{【1株あたり当期純利益（*2）】} \times \underbrace{\frac{株式時価総額}{当期純利益}}_{【株価収益率（倍）（*3）】}$$

* 2   1株あたり当期純利益＝英語ではEPS（Earnings Per Share）です。

* 3   株価収益率＝英語ではPER（Price Earnings Ratio）です。

この式を変形すると、$$\boxed{PER（倍）= \frac{株価}{EPS}}$$となります。

③ 1株あたりのキャッシュ・フロー（CFPS）と株価キャッシュ・フロー倍率（PCFR）

上述の株価の式にキャッシュ・フロー（総額）を組み込むと、以下の展開公式を得ます。

$$\boxed{株価（円）} = \underbrace{\frac{キャッシュ・フロー}{発行済株式総数}}_{\substack{【1株あたりのキャッシュ・\\フロー（*4）】}} \times \underbrace{\frac{株式時価総額}{キャッシュ・フロー}}_{\substack{【株価キャッシュ・\\フロー倍率（*5）】}}$$

* 4   1株あたりのキャッシュ・フロー＝英語ではCFPS（Cash Flow Per Share）です。

* 5   株価キャッシュ・フロー倍率＝英語ではPCFR（Price Cash Flow Ratio）です。

この式を変形すると、$$\boxed{PCFR（倍）= \frac{株価}{CFPS}}$$となります。

④ 1株あたりの純資産額（BPS）と株価純資産倍率（PBR）

上述の株価の式に純資産額（簿価の総額）を組み込むと、以下の展開公式を得ます。

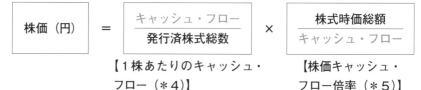

$$\boxed{株価（円）} = \underbrace{\frac{純資産額（簿価）}{発行済株式総数}}_{【1株あたりの純資産額（*6）】} \times \underbrace{\frac{株式時価総額}{純資産額（簿価）}}_{【株価純資産倍率（*7）】}$$

* 6   1株あたりの純資産額＝英語ではBPS（Book Value Per Share）です。

* 7   株価純資産倍率＝英語ではPBR（Price Book Value Ratio）です。

この式を変形すると、 $$PBR（倍）= \frac{株価}{BPS}$$ となります。

⚷ Keyword

▶ DPS（1株あたり配当金）

▶ EPS（1株あたり当期純利益）

▶ CFPS（1株あたりキャッシュ・フロー）

▶ BPS（1株あたり純資産額）

▶ PER（株価収益率）

▶ PCFR（株価キャッシュ・フロー倍率）

▶ PBR（株価純資産倍率）

▶ 株式益回り＝（1株あたり当期純利益／株価）×100＝1／PER

2
経営分析

過去問 トライアル解答　エ

☑チェック問題

　売上高20億円、税引後当期利益1億円、当期支払配当総額1,000万円、純資産額10億円、発行済株式数100万株、株価1,500円のとき、PERは1.5倍、PBRは15倍である。　　　　　　　　　　　　　　　　　　　　　　　⇒×

▶ PER（株価収益率）＝株価÷EPS（1株あたり当期純利益）＝1,500円÷（1億円÷100万株）＝1,500円÷100円＝15倍　となる。

　PBR（株価純資産倍率）＝株価÷BPS（1株あたり純資産）＝1,500円÷（10億円÷100万株）＝1,500円÷1,000円＝1.5倍　となる。

MEMO

第 **3** 分野

意思決定会計

意思決定会計

1 各テーマの関連

意思決定会計	CVP分析	3-1 損益分岐点比率の計算など
		3-2 目標売上高の算定
		3-3 最適セールスミックスと損益分岐点売上高
	設備投資の経済性計算	3-4 貨幣の時間価値と割引キャッシュ・フロー
		3-5 タックスシールド
		3-6 正味現在価値（NPV）法
		3-7 内部利益率（IRR）法
		3-8 回収期間法

　前出の「財務諸表」やそれに基づいて行う「経営分析」は、過去の企業活動の結果を表現・評価するものですが、企業はこれらを踏まえつつ、将来の企業活動を決める様々な意思決定を行います。このうち、財務的な意思決定としては、CVP分析に基づく「短期利益計画の意思決定」、および投資が生み出す正味キャッシュ・フロー評価に基づく「設備投資の意思決定」が重要です。

　本分野では、CVP分析に基づく「短期利益計画の意思決定」に関連して、損益分岐点比率の計算、損益分岐点の計算に基づく目標売上高の算定、および利益を最大化する複数製品の組み合わせ（最適セールスミックス）の決定について説明します。また、「設備投資の意思決定」に関連して、その考え方の基礎となる貨幣の時間価値と割引キャッシュ・フローと「タックスシールド（節税効果)」の考え方、並びに、これらの考え方を踏まえた設備投資の経済計算として主要な3つの方法である「正味現在価値（NPV）法」、「内部利益率（IRR）法」、および「回収期間法」について説明します。

❶出題傾向

#	テーマ	H26	H27	H28	H29	H30	R01	R02	R03	R04	R05
3-1	損益分岐点比率の計算など		1					2	1	1	
3-2	目標売上高の算定	1				1					
3-3	最適セールスミックスと損益分岐点売上高										
3-4	貨幣の時間価値と割引キャッシュ・フロー				1						
3-5	タックスシールド				1			1	1		
3-6	正味現在価値（NPV）法	1	1					1	1	1	
3-7	内部利益率（IRR）法	1		1						1	
3-8	回収期間法									1	

❷対策

　「意思決定会計」の分野において、短期利益計画の意思決定に関しては、ＣＶＰ分析の計算問題（売上高、変動費、固定費などのデータが与えられ、損益分岐点売上高や目標利益を達成するための売上高、損益分岐点比率や安全余裕率などを計算させる問題）が頻出です。一方、設備投資の意思決定に関しては、主要な設備投資の経済計算法（ＮＰＶ法、ＩＲＲ法、回収期間法）の特徴や、数値データを用いた計算（回収キャッシュ・フロー、現在価値への割り引き、正味現在価値などを計算させる問題）が頻出です。

　対策としては、短期利益計画の意思決定については、ＣＶＰ分析に関するテキストの例題や問題集を使い、利益図表（売上高線と費用線）を自分で描きながら主要な数値の計算練習を多く行うことです。設備投資の意思決定については、3つの経済計算法（ＮＰＶ法、ＩＲＲ法、回収期間法）の手順と特徴をしっかり理解した上で、各年のキャッシュ・フロー（ＣＩＦとＣＯＦ）や現在価値への割り引きを図として描きながら計算する練習を数多く行うことです。

3

意思決定会計

CVP分析
損益分岐点比率の計算など

学習事項 CVP分析，損益分岐点，損益分岐点売上高，損益分岐点比率，安全余裕率

このテーマの要点

損益分岐点分析の意義、指標、方法を押さえよう

本テーマでは、企業が利益を上げるためにどれだけの売上を上げる必要があるかを見極めるための**損益分岐点分析**について学習します。

経営者にとっては、自分の会社がどれだけの売上を上げれば利益が出るのかが重要な関心事です。特に企業が本業で稼ぎ出す利益（営業利益）に着目し、営業利益がちょうどゼロとなる販売量を**損益分岐点**といい、損益分岐点における売上高を**損益分岐点売上高**といいます。損益分岐点売上高を求める公式は、売上高が費用（変動費と固定費の合計）と等しくなるという関係から導くことができます。

〈損益分岐点売上高を求める公式〉

$$損益分岐点売上高（円）= \frac{固定費（円）}{限界利益率}$$

$$= \frac{固定費（円）}{1-変動費率}$$

$$限界利益率 = 1-変動費率$$

$$変動費率 = \frac{変動費（円）}{売上高（円）}$$

〈損益分岐点分析の指標〉

$$損益分岐点比率（\%）= \frac{損益分岐点売上高}{目標売上高} \times 100$$

$$安全余裕率（\%）= \frac{目標売上高-損益分岐点売上高}{目標売上高}$$
$$\times 100$$

$$損益分岐点比率（\%）+安全余裕率（\%）=100（\%）$$

損益分岐点分析とは、損益分岐点売上高を算出して目標売上高と比較することにより、短期利益計画において設定される目標利益の達成水準を確認するための分析です。損益分岐点分析では、以下の2つの指標を使います。

●**損益分岐点比率**：目標売上高に対する損益分岐点売上高の比率

●**安全余裕率**：目標売上高が損益分岐点売上高からどれだけ乖離して利益確保の余裕を持っているかを示す指標

過去問トライアル	平成27年度 第10問（設問1）
	損益分岐点売上高
類題の状況	R04-Q12(2)　R03-Q12　R02-Q21(1)(2)　H25-Q8　H24-Q11
	H23-Q11　H22-Q9　H21-Q8　H19-Q10(1)　H17-Q5

前期と今期の損益計算書は次のように要約される。下記の設問に答えよ。

損益計算書　　　　　　（単位：千円）

	前　期		今　期	
売上高		24,000		28,000
変動費	14,400		15,400	
固定費	7,200	21,600	9,000	24,400
営業利益		2,400		3,600

（設問）

今期の損益分岐点売上高として最も適切なものはどれか。

ア　12,000千円

イ　16,400千円

ウ　18,000千円

エ　20,000千円

　ＣＶＰ分析とは、原価（Cost）と利益（Profit）が販売量（Volume）に応じてどのように決まるかを分析する手法で、企業における短期利益計画の策定などに用いられます。

　ＣＶＰ分析では、直接原価計算方式の損益計算が使われます。直接原価計算では、売上高は、販売量に比例するものとします。原価は、販売量に比例して変動する変動費と、販売量の変化によらず一定の固定費に分類されます。利益は、売上高から原価（変動費＋固定費）を引いたものです。

　特に、売上高と原価が等しく利益がゼロとなる場合の売上高を損益分岐点売上高といいます。これらの関係を図示すると、図表3-1-1に示す利益図表のようになります。

【3-1-1　利益図表】

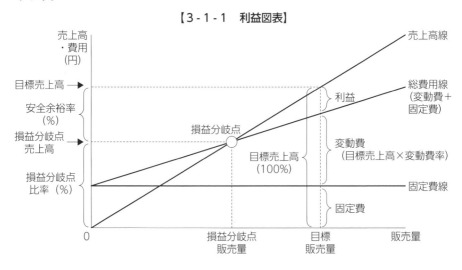

● OnePoint　ＣＶＰ分析

①ＣＶＰは、英単語のCost、Volume、Profitの頭文字を取った略語です。ＣＶＰ分析は、損益分岐点に注目するので、損益分岐点分析ともいわれます。

②変動費は、売上高と変動費率の掛け算になります。

③売上高が損益分岐点売上高より小さい場合、利益はマイナス（損失）となります。

④利益図表の横軸は、販売量のほか、売上高とする場合もありますが、グラフの形は変わりません。

2 損益分岐点売上高

図表3-1-1の利益図表において、横軸の目標販売量の部分から式を立てると、

利益＝目標売上高－変動費－固定費
＝目標売上高×（1－変動費率）－固定費

ここで、利益がゼロの場合を考えると、目標売上高は損益分岐点売上高となるので、

0＝損益分岐点売上高×（1－変動費率）－固定費

$$損益分岐点売上高（円）＝\frac{固定費}{1－変動費率}$$

一般に、売上高から変動費だけを引いた利益を限界利益、単位売上高あたりの限界利益を限界利益率といい、以下のように計算されます。

$$限界利益（円）＝売上高－変動費＝売上高×（1－変動費率）$$

$$限界利益率＝\frac{限界利益}{売上高}＝1－変動費率$$

この限界利益率を用いると、損益分岐点売上高の公式は、以下のように変形できます。

$$損益分岐点売上高（円）＝\frac{固定費}{限界利益率}$$

● OnePoint　限界利益

図表3-1-1の利益図表で確認できるように、売上高は利益、変動費、固定費の合計です。限界利益は固定費と利益の合計であり、固定費を賄う利益です。

3

意思決定会計

図表3-1-1の利益図表の縦軸に示す通り、損益分岐点売上高に対して目標売上高がどれだけ利益確保の余裕を持っているかは、損益分岐点比率と安全余裕率で評価されます。

$$損益分岐点比率（\%）＝\frac{損益分岐点売上高}{目標売上高}×100$$

$$安全余裕率（\%）＝\frac{目標売上高－損益分岐点売上高}{目標売上高}×100$$

なお、式より明らかなように、損益分岐点比率＋安全余裕率＝100％となります。

> **● OnePoint** 利益確保の余裕
>
> 損益分岐点比率が小さい（安全余裕率が大きい）方が、利益確保の余裕は大きいといえます。

過去問 トライアル解答　**エ**

☑チェック問題

当期の売上高は8,000,000円、変動費は5,000,000円、固定費は2,700,000円である。このとき、安全余裕率は、37.5％である。　　　　　　⇒×

▶ 変動費率＝変動費5,000,000円÷売上高8,000,000円×100＝62.5％　であるから、損益分岐点売上高＝固定費2,700,000円÷（1－変動費率62.5％）＝2,700,000円÷37.5％＝7,200,000円　となる。よって、安全余裕率＝（売上高8,000,000円－損益分岐点売上高7,200,000円）÷売上高8,000,000円×100＝10％　である。

2 CVP分析
目標売上高の算定

学習事項 短期利益計画, 目標利益, 目標売上高, 目標原価

このテーマの要点

短期利益計画の意義、目標売上高の計算を押さえよう

本テーマでは、ＣＶＰ分析（損益分岐点分析）の分析手法を使って企業の短期利益計画を策定する方法について学習します。

短期利益計画とは、短期（通常1年程度）において達成すべき目標利益と、これを達成するための目標売上高や目標原価（目標利益＝目標売上高－目標原価という関係が成り立ちます）を決定することです。

目標利益は、営業利益ベースや経常利益ベースで決定されます。

〈短期利益計画の流れ〉

> 短期（通常1年程度）に達成すべき目標利益を設定します。

> 目標原価（変動費と固定費）を既定値とし、目標利益を達成するための目標売上高を設定します。（目標売上高の算定式は、以下の通りとなります。）
>
> 目標売上高（円）＝
>
> $$\dfrac{\text{固定費} + \text{目標利益}}{\text{限界利益率}}$$

目標利益を達成するための目標売上高と目標原価の設定には、

① 目標原価を既定値とし、目標利益達成のための目標売上高を設定

② 目標売上高を既定値とし、目標利益達成のための目標原価を設定

の2つのアプローチがありますが、既定値として設定するのは目標原価の方が確実性が高いので、一般的には①の方法が使われます。目標売上高を求める公式は、損益分岐点売上高の公式と同様に導くことができます。

過去問トライアル	平成30年度　第11問（設問1）
	目標売上高
類題の状況	H26-Q7　H23-Q11　H20-Q12　H17-Q5

当社の当期の損益計算書は、以下のとおりであった。下記の設問に答えよ。

損益計算書

売上高	240,000	千円	（販売価格200円×販売数量1,200千個）
変動費	96,000		（1個当たり変動費80円×販売数量1,200千個）
貢献利益	144,000	千円	
固定費	104,000		
営業利益	40,000	千円	

（設問）

　当社では、次期の目標営業利益を55,000千円に設定した。他の条件を一定とすると、目標営業利益を達成するために必要な売上高として、最も適切なものはどれか。

ア　255,000千円
イ　265,000千円
ウ　280,000千円
エ　330,000千円

1 目標売上高の算定

　ＣＶＰ分析の手法を用いると、損益分岐点売上高を算定する公式の拡張として、目標売上高を算定する公式を導くことができます。

　図表3-2-1の利益図表において、横軸の目標販売量の部分から式を立てると、

目標利益＝目標売上高－変動費－固定費
**　　　　＝目標売上高×（1－変動費率）－固定費**

この式を変形すると、目標売上高を求める公式が得られます。

$$目標売上高（円）＝\frac{固定費＋目標利益}{1－変動費率}＝\frac{固定費＋目標利益}{限界利益率}$$

　短期利益計画において、目標利益と目標原価（固定費と変動費率、あるいは固定費と限界利益率）を設定すれば、この式を用いて目標売上高を算定することができます。

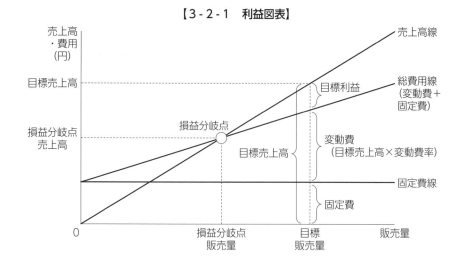

【3-2-1 利益図表】

2　目標利益を高める方法

　ＣＶＰ分析（図表3-2-1）によると、目標利益を高めたい場合、販売量（グラ
フの横軸）を増やせばよいことになりますが、現実のビジネスでは販売量を増やす
のには限界があります。しかし、販売量が制約される場合でも、損益分岐点売上高
を下げて安全余裕率を大きくできれば、同じ販売量でも目標利益は高まります。損
益分岐点売上高は、

① 　**損益分岐点売上高＝** $\dfrac{\text{固定費}}{1-\text{変動費率}}$

② 　**損益分岐点売上高＝損益分岐点販売量×販売単価**

という2つの式で算定されますから、固定費か変動費率を下げるか販売単価を高め
れば、図表3-2-2に示すように損益分岐点は下がります。

【3-2-2 損益分岐点を下げる方法】

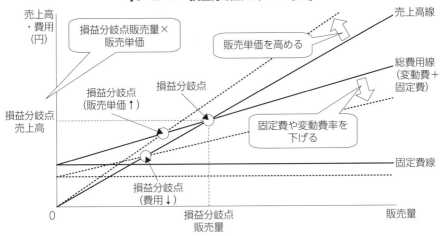

● OnePoint　線の変化

　この図において、厳密には、固定費を下げた場合には、総費用線が下方に平行シフトし、変動費率を下げた場合には、総費用線の傾きが緩やかになります。

過去問 トライアル解答　

☑チェック問題

　当期の損益データは、売上高100,000、売上原価60,500、販売費および一般管理費26,000（うち固定費は21,500）、営業外収益3,200（一定）、営業外費用6,900（一定）である。変動費、固定費の構造は一定とすると、経常利益の目標10,500を達成する売上高は、102,000である。（単位：千円）　　　⇒○

▶　変動費＝売上原価60,500＋販売費および一般管理費（26,000－21,500）＝65,000、固定費＝販売費および一般管理費21,500－営業外収益3,200＋営業外費用6,900＝25,200　であるから、目標売上高＝（固定費25,200＋目標経常利益10,500）÷（1－変動費65,000÷売上高100,000）＝35,700÷（1－0.65）＝35,700÷0.35＝102,000　と計算される。

3 CVP分析
最適セールスミックスと損益分岐点売上高

学 習 事 項 販売の制約条件付き最適セールスミックス，生産・販売の制約条件付き最適セールスミックス

このテーマの要点

最適セールスミックスの考え方を理解しよう

本テーマでは、多品種製品を生産・販売する企業において、利益を最大にするような製品ごとの生産・販売の量を、ＣＶＰ分析（損益分岐点分析）によって求める方法について学習します。

多品種製品を生産・販売する企業では、市場で売れる量や自社の生産能力の限界（制約条件）を考慮して、製品ごとの生産・販売量の組み合わせ（セールスミックス）を決める必要があります。特に、最も大きな利益が得られるセールスミックスを最適セールスミックスといい、多品種製品を生産・販売する企業の短期利益計画では、最適セールスミックスを考える必要があります。

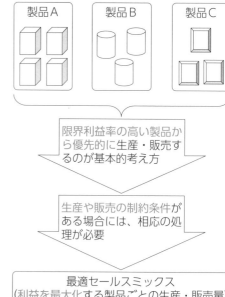

〈最適セールスミックスのイメージ〉

製品A　製品B　製品C

限界利益率の高い製品から優先的に生産・販売するのが基本的考え方

生産や販売の制約条件がある場合には、相応の処理が必要

最適セールスミックス（利益を最大化する製品ごとの生産・販売量）

「限界利益（売上高から変動費を引いた利益）で固定費を賄い、営業利益（または経常利益）を稼ぎ出す」というＣＶＰ分析の重要な知見から、「限界利益率の高い製品から優先的に生産・販売する」というのが最適セールスミックスを決定する基本的な考え方となりますが、生産や販売の制約条件がある場合には、相応の処理が必要となります。

最適セールスミックスを考慮して損益分岐点を算定する方法も重要です。

過去問 トライアル	平成19年度　第10問（設問2）
	生産・販売の制約条件付き最適セールスミックス
類題の状況	H22-Q10　H21-Q10　H19-Q10⑵　H18-Q10

次の製品別の販売価格および原価等のデータに基づき、下記の設問に答えよ。

（製品単位：kg）

	製品A	製品B	製品C
販売価格	6,000円	9,000円	12,000円
単位当たり変動費	4,200円	6,300円	8,400円
限界利益率	（　　）%	（　　）%	（　　）%
単位当たり設備稼働時間	1時間	2時間	4時間
最大可能販売数量	400kg	200kg	120kg
共通製造固定費	577,000円		
共通販売・一般管理固定費	320,000円		

3
意思決定会計

（設問）

　最大可能な設備稼働時間が1,000時間であるとき、営業利益を最大にする各製品の実現可能な販売数量の組み合わせとして最も適切なものはどれか（単位：kg）。

ア　A：120　　　B：200　　　C：120
イ　A：200　　　B：200　　　C：100
ウ　A：400　　　B： 60　　　C：120
エ　A：400　　　B：200　　　C： 50

多品種製品を生産・販売する企業について、図表3-3-1に示すような製品別の販売価格および原価等のデータが与えられており、最適セールスミックス（利益を最大にするような製品ごとの生産・販売量の組み合わせ）を求める例題を考えます。

【3-3-1　（例題）製品別の販売価格および原価等のデータ】

	製品A	製品B	製品C
製品1個あたり販売価格	2,000円	4,000円	8,000円
製品1個あたり変動費	1,100円	2,400円	6,000円
限界利益率	45%	40%	25%
製品1個あたり所要材料量	150kg	200kg	400kg
販売可能な最大製品数量	40個	40個	10個
共通製造固定費	36,000円		
共通販売・一般管理固定費	20,000円		

このデータでは、「販売可能な最大製品数量」が販売の制約条件となっています。この場合、限界利益率が高い製品から優先的に、販売可能な最大数量を超えない範囲でできるだけ多くの製品を生産・販売することで、固定費を全製品の限界利益で賄いつつ利益（営業利益または経常利益）を最大にすることができます。

製品ごとの限界利益率は、（販売価格－変動費）÷販売価格×100（％）で算定されます。

製品A：（2,000円－1,100円）÷2,000円×100（％）

製品B：（4,000円－2,400円）÷4,000円×100（％）

製品C：（8,000円－6,000円）÷8,000円×100（％）

2 生産・販売の制約条件付き最適セールスミックス

次に、図表3-3-1の条件に加えて、製品の生産に使用可能な材料量が最大16,000kgであるという生産の制約条件も存在する場合を考えます。

この場合、生産の制約条件となっている希少資源（材料）1単位あたりの限界利益が高い製品から優先的に、販売可能な最大数量の範囲でできるだけ多くの製品を生産・販売することにより、利益を最大にすることができます。図表3-3-2に示す材料1kgあたりの限界利益の比較により、生産・販売の優先度は、製品B→製品A→製品Cとなります。

使用可能な材料16,000kgの範囲内で最適セールスミックスは、図表3-3-3に示す通り、製品A＝40個、製品B＝40個、製品C＝5個となります。

【3-3-2 生産・販売の優先度】

	①製品1個あたり限界利益	②製品1個あたり所要材料量	③材料1kgあたり限界利益(①÷②)	④生産・販売の優先度(③より)
製品A	900円	150kg	6円／kg	2
製品B	1,600円	200kg	8円／kg	1
製品C	2,000円	400kg	5円／kg	3

【3-3-3 最適セールスミックス】

	④生産・販売の優先度	⑤販売製品数量	⑥製品1個あたり所要材料量	⑦製品別所要材料量(⑤×⑥)	⑧総所要材料量(⑦の合計)
製品B	1	40個	200kg	8,000kg	
製品A	2	40個	150kg	6,000kg	16,000kg
製品C	3	5個	400kg	2,000kg	

● OnePoint　最適セールスミックス

この場合の最適セールスミックスでは、製品Aと製品Bは販売可能最大量まで生産・販売できますが、製品Cは材料不足のため、販売可能最大量まで生産することができないことになります。

過去問 トライアル解答　**エ**

☑チェック問題

製品単位が1kgである製品について、(販売価格、単位あたり変動費、単位あたり設備稼働時間、最大可能販売数量)の組み合わせは、製品Aが(6,000円、4,200円、1時間、400kg)、製品Bが(9,000円、6,300円、2時間、200kg)、製品Cが(12,000円、8,400円、2時間、120kg)である。最大可能な設備稼働時間が1,000時間であるとき、営業利益を最大にする各製品の実現可能な販売数量の組み合わせは、A：120kg、B：200kg、C：120kg　である。　⇒×

▶　設備稼働時間1時間あたりの限界利益は、製品A：(6,000円−4,200円)÷1時間=1,800円/時間、製品B：(9,000円−6,300円)÷2時間=1,350円/時間、製品C：(12,000円−8,400円)÷2時間=1,800円/時間　である。大きい順に、製品A、製品C→製品B　であるから、制約条件である最大可能な設備稼働時間1,000時間をこの優先順位に従って割り当てていくと、製品A：400kg、製品C：120kg(残余時間=1,000時間−1時間/kg×400kg−2時間/kg×120kg=360時間)、製品B：180kg(製造可能数量=残余時間÷単位あたり設備稼働時間=360時間÷2時間=180kg)　となる。

設備投資の経済性計算
貨幣の時間価値と割引キャッシュ・フロー

学 習 事 項　設備投資の経済性（採算性），貨幣の時間価値，割引キャッシュ・フロー，投資キャッシュ・フロー，資本コスト

このテーマの要点

設備投資の経済性評価の基本的な考え方を押さえよう

本テーマでは、企業が設備投資案件の採否を判断するために使える経済性（採算性）の評価方法について、基本的な考え方を学習します。

企業は、資金提供者（債権者、株主など）から資金を調達し、それを元手に資産を運用して事業などを行い、キャッシュを増加させます。そのキャッシュの一部は、利子・配当として資金提供者へ還元されます。設備投資は、資産運用の一種ですので、資金提供者の期待収益率を超えてできるだけ大きな投資収益率を確保する必要があります。資金提供者の期待収益率は、資金提供を受けた企業にとっては最低限確保しなければならない負担であることから**資本コスト**と呼ばれ、債権者と株主の構成比率に応じて平均化した資本コストである**加重平均資本コスト（WACC）**が代表的に使われます。設備投資の回収は長年にわたることから、設備投資の意思決定は、期間（年度）で区切られる財務会計上の損益

〈設備投資の経済性（採算性）の基本的な考え方〉

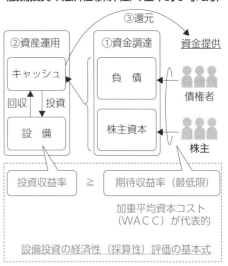

〈貨幣の時間価値と割引キャッシュ・フロー〉

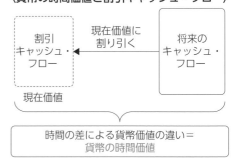

ではなく、キャッシュ・フローの評価に基づいて行われます。また、貨幣の価値は、金額が同じでも現在時点の方が将来時点よりも高い（このような時間の差による貨幣価値の違いを**貨幣の時間価値**といいます）ので、初期投資および将来にわたって回収するキャッシュ・フローは、投資時点（現在）の価値にそろえて評価します。

将来のキャッシュ・フローを現在の価値に変換することを現在価値に割り引くといい、現在価値に割り引かれたキャッシュ・フローを割引キャッシュ・フローといいます。

過去問トライアル	平成20年度　第22問
	投資キャッシュ・フローの予測
類題の状況	H29-Q15　H20-Q4　H18-Q15

　設備投資のキャッシュ・フローを予測する際の説明として、最も適切なものはどれか。

ア 貸し付けている土地の貸借契約を解除し、そこに工場建設をする場合、この受取地代を反映させる必要はない。

イ 新製品投資によって、既存の製品のキャッシュ・フローが減少する場合、減少するキャッシュ・フローは新製品投資のキャッシュ・フローに反映させる。

ウ 投資の資金調達から生じる支払利息はキャッシュ・フローに反映させる。

エ 未使用の土地に工場建設をする場合、未使用の土地は簿価で評価して投資額に反映させる。

1 貨幣の時間価値と割引キャッシュ・フロー

　貨幣の価値は、金額が同じでも現在時点の方が将来時点よりも高くなります。貨幣の所有者は、現在所有する資金を運用することによって将来貨幣を増やすことができるため、将来も同じ金額では損をしたと感じるわけです。このような時間の差による貨幣価値の違いを貨幣の時間価値といいます。また、将来のキャッシュ・フロー（ＣＦ）を現在の価値に変換することを現在価値に割り引くといい、現在価値に割り引かれたキャッシュ・フローを割引キャッシュ・フロー（割引ＣＦ）といいます。

　将来のキャッシュ・フロー（ＣＦ）を現在価値に割り引く計算方法を考えるために、まずは図表3-4-1のような簡単な複利計算を考えます。資金提供者が将来に向かって期待する収益率を10％とした場合、現在の100万円は、1年後に110万円、2年後に121万円に増えていきます。将来の投資ＣＦの現在価値への割引計算は、複利計算を逆向きに（将来から現在に向かって）計算するものと考えることができますので、割引計算は図表3-4-2に示すような計算方法となります。

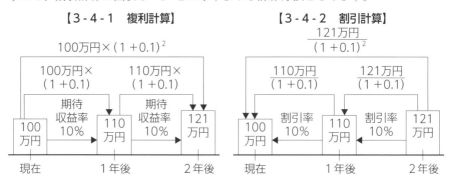

【3-4-1　複利計算】　　　　【3-4-2　割引計算】

2 投資キャッシュ・フロー

　設備投資の採否の意思決定を行う上では、設備投資によって発生する将来のキャッシュ・フローである投資キャッシュ・フロー（投資ＣＦ）が重要な役割を果たします。この将来の投資ＣＦについては、異なる時点ごと（通常は1年ごとの年度末）の現金収入（キャッシュ・イン・フロー（ＣＩＦ））や現金支出（キャッシュ・アウト・フロー（ＣＯＦ））を予測し、ＣＩＦからＣＯＦを差し引いた増分キャッシュ・フローとして算定します。

　このように年度ごとに算定された投資ＣＦは、それぞれ時期（年度）が異なり、そのままでは加減や比較ができませんので、時間価値を考慮する必要があります。そこで、将来の投資ＣＦをすべて現在価値に割り引くことにより、「現在」という

共通の時点で加減や比較ができるようにします。現在価値に割り引く際の割引率については、資金提供者（債権者と株主）の期待収益率を最低限確保する必要があることから、資本コスト（加重平均資本コスト（ＷＡＣＣ）が代表的）を用います。

【3-4-3　将来の投資キャッシュ・フローとその現在価値への割り引き】

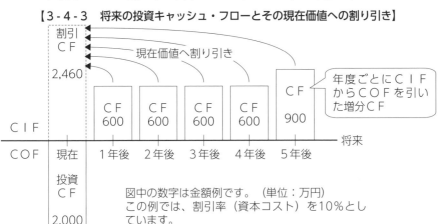

OnePoint	図表3-4-3の割引計算の数値

- 1年後の投資ＣＦの割引計算　　　　$600 \div (1+0.1)^1 \fallingdotseq 545$
- 2年後の投資ＣＦの割引計算　　　　$600 \div (1+0.1)^2 \fallingdotseq 496$
- 3年後の投資ＣＦの割引計算　　　　$600 \div (1+0.1)^3 \fallingdotseq 451$
- 4年後の投資ＣＦの割引計算　　　　$600 \div (1+0.1)^4 \fallingdotseq 410$
- 5年後の投資ＣＦの割引計算　　　　$900 \div (1+0.1)^5 \fallingdotseq 559$

　割引計算を簡便に行うための**複利現価係数**と**年金現価係数**については、後述テーマ「3-6　正味現在価値（ＮＰＶ）法」で扱います。

OnePoint	投資ＣＦ

　投資ＣＦの予測の際には、以下の点に注意します。
1．投資に起因して増減したキャッシュ・フローのみを対象とします。投資の採否によらず発生するコストは**埋没原価**といい、含めません。
2．ある投資を採用した場合に失われる他案の利益（**機会原価**）も考慮に入れます。
3．**利息費用**は含めません。（資本コストによる割引計算で考慮済みのためです。）

過去問 トライアル解答　　**イ**

3　意思決定会計

　設備投資のキャッシュ・フローを予測する際、貸し付けている土地の貸借契約を解除し、そこに工場建設をする場合、この受取地代を反映させる必要はない。

⇒×

▶　キャッシュ・フローの予測は、設備投資を実施した場合とそうでない場合との変化に着目して検討される。設備投資を行わないなら得られるであろう受取地代は、設備投資を行うことによって得られなくなるので、機会損失としてキャッシュ・アウト・フロー（ＣＯＦ）に反映させるべきである。

　１年後から３年後まで毎年100万円の増分キャッシュ・フローが期待できる投資の現在価値は、割引率が5％の場合は247万円であり、10％の場合は271万円である。

　割引率は以下を利用する。

年数	割引率	
	5％	10％
1年後	0.95	0.90
2年後	0.90	0.82
3年後	0.86	0.75

⇒×

▶　5％の場合
　　現在価値　＝　100×0.95＋100×0.90＋100×0.86
　　　　　　　＝　95　＋　90　＋　86
　　　　　　　＝　271

　10％の場合
　　現在価値　＝　100×0.90＋100×0.82＋100×0.75
　　　　　　　＝　90　＋　82　＋　75
　　　　　　　＝　247

設備投資の経済性計算
タックスシールド

学習事項 現金収入収益，現金支出費用，非現金支出費用，タックスシールド

このテーマの要点

タックスシールドの概念と計算方法を押さえよう

本テーマでは、設備投資の経済性（採算性）の評価において、法人税を考慮に入れたキャッシュ・フロー（税引後キャッシュ・フロー）を考える際に発生するタックスシールド（節税効果）について学習します。

設備投資の評価でキャッシュ・フローを考える場合、現金の収入を伴う収益（現金収入収益）と支出（現金支出費用）を加減しますが、減価償却費のような（財務会計上の費用には含まれるものの）実際には現金の支出を伴わない費用（非現金支出費用）については、キャッシュ・アウト・フロー（ＣＯＦ）には含めません。

次に、法人税等の税額をキャッシュ・フロー計算に含めるため、（現金収入収益−現金支出費用）を課税

〈法人税等を考慮した投資キャッシュ・フロー〉

1. 現金収入収益から現金支出費用を差し引くことにより、法人税等を無視した正味の投資キャッシュ・フローを計算

↓

2. 法人税等を無視した正味の投資キャッシュ・フロー（1．）に法人税等の税率を掛けることにより、非現金支出費用を無視した法人税等を計算

↓

3. 非現金支出費用に法人税等の税率を掛けることにより、非現金支出費用のタックスシールド（節税効果）を計算

↓

4. 法人税等を無視した正味の投資キャッシュ・フローから、非現金支出費用を無視した法人税等を差し引き、非現金支出費用のタックスシールド（節税効果）を加えることにより、法人税等を考慮した正味の投資キャッシュ・フローを計算

所得とみなし、これに税率を掛けて税額を計算する場合を考えます。この場合、実際には課税所得から控除されるべき非現金支出費用が控除されずに税額が計算されますので、（非現金支出費用×法人税等の税率）だけ税額が過大に計算されますが、この差額は実際には現金として流出しません。この差額を**タックスシールド（節税効果）**といいます。

過去問 トライアル	平成29年度　第15問
	将来キャッシュ・フロー
類題の状況	R03-Q18　R02-Q23　H22-Q10　H20-Q24　H18-Q15(1)

　当社は、来年度の期首に新設備を購入しようと検討中である。新設備の購入価額は100百万円であり、購入によって毎年（ただし、5年間）の現金支出費用が30百万円節約されると期待される。減価償却方法は、耐用年数5年、残存価額がゼロの定額法を採用する予定でいる。税率を40％とするとき、この投資案の各期の税引後キャッシュフローとして、最も適切なものはどれか。

ア　12百万円

イ　18百万円

ウ　26百万円

エ　34百万円

1　法人税等を考慮しない場合のキャッシュ・フロー（税引き前キャッシュ・フロー）

① 非現金支出費用（減価償却費等）が存在しない場合

　まずは、法人税を考慮に入れないキャッシュ・フロー（税引き前キャッシュ・フロー）について確認します。図表3-5-1より、設備投資による増分CFは、CIFである現金収入収益から、COFである現金支出費用を控除した残高であることが分かります。

【3-5-1　法人税を考慮しない・非現金支出費用が存在しない場合のCF】

現金支出費用　100万円 ［COF］	現金収入収益　200万円 ［CIF］
税引き前利益　100万円 ［増分CF］	

② 非現金支出費用（減価償却費等）が存在する場合

　図表3-5-2より、設備投資による増分ＣＦは、ＣＩＦである現金収入収益から、ＣＯＦである現金支出費用を控除した残高となります。（図表3-5-1の場合と同じ）

【3-5-2　法人税を考慮しない・非現金支出費用が存在する場合のＣＦ】

現金支出費用　100万円 ［ＣＯＦ］	現金収入収益　200万円 ［ＣＩＦ］
非現金支出費用　80万円 （減価償却費等） ［増分ＣＦ］	
税引き前利益　20万円 ［増分ＣＦ］	

　図表3-5-1および図表3-5-2において、太線で囲まれた部分が、設備投資による増分ＣＦ（税引き前キャッシュ・フロー）を示します。

2 　法人税等を考慮した場合のキャッシュ・フロー（税引き後キャッシュ・フロー）

　ここでは、税率 t が40％である場合を想定して説明をします。

① 非現金支出費用（減価償却費等）が存在しない場合

　図表3-5-3より、設備投資による増分ＣＦは、ＣＩＦである現金収入収益から、ＣＯＦである現金支出費用および法人税等を控除した残高であることが分かります。

【3-5-3　法人税を考慮する・非現金支出費用が存在しない場合のＣＦ】

現金支出費用　100万円 ［ＣＯＦ］		現金収入収益 200万円 ［ＣＩＦ］
税引き後利益　60万円 ［増分ＣＦ］	法人税等　40万円 ［ＣＯＦ］	
1－税率 t：60%	税率 t：40%	

② 非現金支出費用（減価償却費等）が存在する場合

　図表3-5-4より、設備投資による増分ＣＦは、以下の式で計算されます。

> 設備投資による増分ＣＦ（税引き後キャッシュ・フロー）
> ＝（現金収入収益－現金支出費用）×（1－税率 t）
> ＋ 非現金支出費用×法人税等税率
> 〔タックスシールド〕

【3-5-4　法人税を考慮する・非現金支出費用が存在する場合のＣＦ】

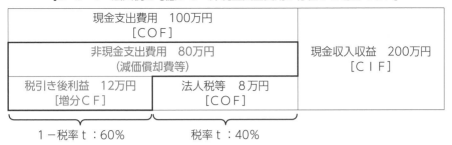

タックスシールドは、図表3-5-5のグレー部分となります。

【3-5-5　タックスシールド（図表3-5-4太枠部分）】

	タックスシールド

過去問 トライアル解答　**ウ**

☑チェック問題

　当社では、現行の設備に代えて、燃料費（現金支出）を毎年100万円節約できる新設備の導入が提案されている。他方、この設備の取り替えにより、減価償却費が毎年50万円から90万円に増加する。なお、限界実効税率を40％とする。このとき、新規設備の年間キャッシュ・フローは、84万円となる。　　　⇒×

▶　新規設備の年間キャッシュ・フロー＝燃料費節約（現金支出）100×（1－税率40％）＋減価償却費（非現金支出）40×税率40％＝60＋16＝76（万円）である。（非現金支出×税率を「タックスシールド」という。）

設備投資の経済性計算
正味現在価値（ＮＰＶ）法

学 習 事 項 　正味現在価値（ＮＰＶ）法

このテーマの要点

ＮＰＶ法による設備投資の評価方法を押さえよう

本テーマでは、企業の設備投資案件の経済性（採算性）を評価する方法の１つである正味現在価値（ＮＰＶ）法について学習します。

正味現在価値（ＮＰＶ）法とは、設備投資案件の年ごとの増分キャッシュ・フロー（投資を行ったことによって実質的に増加したキャッシュ・フロー）を資本コストで割り引いて現在価値を算定し、その合計額から初期投資額を控除して正味現在価値（ＮＰＶ）を算定することにより、投資案件の経済性（採算性）を評価する方法です。

〈正味現在価値（ＮＰＶ）法の流れ〉

1. 設備投資案件の年ごとの増分キャッシュ・フローを計算します。

2. 年ごとの増分キャッシュ・フローを資本コストで割り引いて現在価値を算定して合計します。

3. ２．の合計から初期投資額を控除して、正味現在価値（ＮＰＶ）を計算します。

4. 正味現在価値（ＮＰＶ）の値によって投資案件の経済性（採算性）を評価し、採否を判断します。

独立投資案件（他の投資案件の採否のいかんによらず、その採否が判断できる案件）の場合には、正味現在価値がプラスであれば、その投資案件を採用します。排他的投資案件（投資資金の制約などにより、一方を採用すれば他方は採用不能となるような案件）の場合には、最大の正味現在価値を有する投資案件を採用します。

この評価方法の長所は、貨幣の時間価値を考慮していること、排他的投資案件の正しい順序付けが可能であること（内部利益率法に対する優位点）です。短所は、絶対額の評価であるため、投資効率が考慮されないこと（効率の悪い投資案件が優先される可能性があること）です。

過去問 トライアル	平成27年度　第16問（設問１）
	正味現在価値法による投資案の評価
類題の状況	R04-Q21　R03-Q19　R02-Q17　H26-Q16　H24-Q18 H23-Q15　H21-Q16　H20-Q23　H20-Q25　H17-Q9 H17-Q10⑵

次の文章を読んで、下記の設問に答えよ。

　D社は、４つの投資案①〜④の採否について検討している。同社では、投資案の採否を正味現在価値法（ＮＰＶ法）に基づいて判断している。いずれの投資案も、経済命数は３年である。

　４つの投資案の初期投資額および第１期末から第３期末に生じるキャッシュフローは、以下の表のとおり予測されている。初期投資は第１期首に行われる。なお、法人税は存在せず、割引率は８％とする。

（単位：百万円）

	キャッシュフロー				ＮＰＶ
	初期投資	第１期	第２期	第３期	
投資案①	−120	50	60	70	33
投資案②	−120	70	60	50	A
投資案③	−160	80	80	80	B
投資案④	−120	40	40	40	C

（設問）

　投資案②のＮＰＶ（空欄A）および投資案③のＮＰＶ（空欄B）にあてはまる金額の組み合わせとして、最も適切なものを下記の解答群から選べ。なお、ＮＰＶの計算にあたっては、以下の表を用いること。

割引率８％の場合の複利現価係数および年金現価係数

	１年	２年	３年
複利現価係数	0.93	0.86	0.79
年金現価係数	0.93	1.78	2.58

〔解答群〕

ア A：22百万円　　B：30百万円

イ A：33百万円　　B：30百万円

ウ A：33百万円　　B：46百万円

エ A：36百万円　　B：30百万円

オ A：36百万円　　B：46百万円

1 複利現価係数と年金現価係数

① 複利現価係数

　将来のキャッシュ・フローは、図表3-4-2のような分数計算によって現在価値へ割引計算できることを学習しました。しかし、このような分数計算を行うのは実務上煩雑なので、図表3-6-1に示すように、複利現価係数を用いて計算を簡便化することが行われます。

【3-6-1　複利現価係数による割引計算】

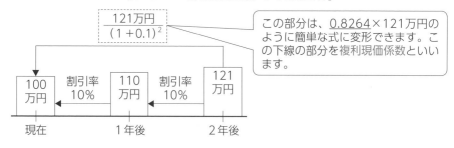

複利現価係数は、割引率と年数により、以下の例のような表形式で示されます。

年数	割引率	
	5％	10％
1年後	0.9524	0.9091
2年後	0.9070	0.8264
3年後	0.8638	0.7513
4年後	0.8227	0.6830
5年後	0.7835	0.6209

② 年金現価係数

　複数年のキャッシュ・フローを現在価値に割り引いて合計する場合、各年のキャッシュ・フローに対し、年数に応じた複利現価係数をそれぞれ乗じ、結果を合計することになります。しかし、各年のキャッシュ・フローが同一である場合には、キャッシュ・フローの期間に応じた年金現価係数を１回だけ乗じることにより、各年のキャッシュ・フローを現在価値に割り引いた合計値が計算できます。（図表３-６-２参照）

【3-6-2　年金現価係数による割引計算】

　年金現価係数を用いて割引計算を行うことにより、割引計算の手間を少なくすることができます。

　年金現価係数も、割引率と年数により、以下の例のような表形式で示されます。

年数	割引率	
	5%	10%
1年後	0.9524	0.9091
2年後	1.8594	1.7355
3年後	2.7232	2.4869
4年後	3.5460	3.1699
5年後	4.3295	3.7908

　初期投資が2,000万円、その後の投資回収が最初の4年間は毎年600万円で5年目が900万円、資本コストが10％であるような設備投資案件を考えます。

　図表3-6-3に示すように、年金現価係数や複利現価係数を用いて各年のキャッシュ・フロー（ＣＦ）を現在価値へ割り引いて合計し（2,460万円）、初期投資額（2,000万円）を控除することにより、正味現在価値（ＮＰＶ）が算定されます。

　ＮＰＶがプラスであれば、「現在」という共通の時点で比較した場合に回収が初期投資を上回ることになり、この設備投資によって採算が取れると判断できます。

【3-6-3　正味現在価値（ＮＰＶ）法】

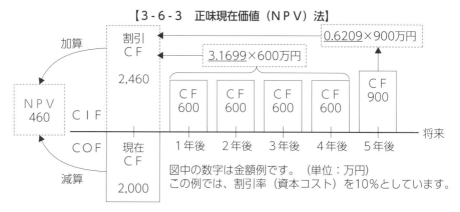

　図表3-6-3において、3.1699は割引率10％で4年分のＣＦの年金現価係数、0.6209は割引率10％で5年後のＣＦの複利現価係数です。

● OnePoint　**正味現在価値法の長所・短所**

　正味現在価値法には以下のような長所・短所があります。以降のテーマで扱う「内部利益率法」、「回収期間法」と比較されることがありますので、覚えておきましょう。

【長所】
- ・貨幣の時間価値を考慮している
- ・内部利益率法に比べて相互排他的投資案件の正しい順位付けが可能

【短所】
- ・絶対額で評価するため、投資効率が判明せず、効率の悪い投資案件が優先される場合がある

☑チェック問題

　割引率が８％の場合の年金現価係数は、以下のとおりである。 ２期末のキャッシュ・フローを現在価値にする複利現価係数として、最も適切なものを下記の解答群から選べ。

期間	年金現価係数
1	0.9259
2	1.7833
3	2.5771
4	3.3121
5	3.9927

〔解答群〕

ア 0.7938　　**イ** 0.8574　　**ウ** 0.9259　　**エ** 1.7833

⇒イ

☑チェック問題

　キャッシュ・フローが、当初マイナスでその後プラスになる投資案の場合、その正味現在価値は割引率が大きくなるほど大きくなる。　　　　　　　⇒×

▶　将来のキャッシュ・フローを現在価値に割り引く場合、割引率が大きくなるほど現在価値は小さくなってしまう。したがって、将来のキャッシュ・フローを現在価値に割り引いて合計し、初期投資額を控除して求められる「正味現在価値」も、割引率が大きくなるほど小さくなる。

3

意思決定会計

☑チェック問題

　初期投資が2,000万円、その後の投資回収が最初の４年間は毎年600万円で５年目が900万円、資本コストが5％である設備投資案件の正味現在価値は460万円である。

複利現価係数

年数	割引率	
	5 %	10%
１年後	0.95	0.90
２年後	0.90	0.82
３年後	0.86	0.75
４年後	0.82	0.68
５年後	0.78	0.62

⇒×

▶　現在価値　＝　600×0.95＋600×0.90＋600×0.86＋600×0.82＋900×0.78
　　　　　　　＝　600×（0.95＋0.90＋0.86＋0.82）　＋　702
　　　　　　　＝　600×3.53　＋　702
　　　　　　　＝　2118　＋　702
　　　　　　　＝　2820
　　NPV　＝　2820　－　2000
　　　　　＝　820

MEMO

7 設備投資の経済性計算
内部利益率（ＩＲＲ）法

学習事項 内部利益率（ＩＲＲ）法，内部利益率（ＩＲＲ）と正味現在価値（ＮＰＶ）の関係

このテーマの要点

ＩＲＲ法による設備投資の評価方法を押さえよう

本テーマでは、企業の設備投資案件の経済性（採算性）を評価する方法の１つである**内部利益率（ＩＲＲ）法**について学習します。

内部利益率（ＩＲＲ）法とは、設備投資案件の年ごとの増分キャッシュ・フロー（投資を行ったことによって実質的に増加したキャッシュ・フロー）を様々な割引率で割り引いて現在価値を算定し、その合計額が初期投資額と等しくなるような割引率（内部利益率）を試行錯誤的に求めることにより、当該割引率と資金提供者の期待収益率（資本コスト）の比較で投資案件の経済性（採算性）を評価する方法です。

〈内部利益率（ＩＲＲ）法の流れ〉

1. 設備投資案件の年ごとの増分キャッシュ・フローを計算します。

↓

2. 年ごとの増分キャッシュ・フローを様々な割引率で試行錯誤的に割り引いて現在価値を算定し、合計します。

↓

3. 2．の合計と初期投資額が等しくなるような割引率（内部利益率）を見つけます。

↓

4. 内部利益率と資本コストの比較によって投資案件の経済性（採算性）を評価し、採否を判断します。

独立投資案件（他の投資案件の採否のいかんによらず、その採否が判断できる案件）の場合には、内部利益率が資本コストを上回るのであれば、その投資案件を採用します。**排他的投資案件**（投資資金の制約などにより、一方を採用すれば他方は採用不能となるような案件）の場合には、内部利益率の大小によって投資案件どうしの優劣を直接比較するのは困難なので、多数の投資案件から候補案件を絞る場合に利用できます。

この評価方法の長所は、貨幣の時間価値を考慮していること、評価する指標が比率であるため投資規模に影響を受けずに評価が可能であることです。短所は、比率による評価であるため、規模の小さい投資案件でも優先されてしまう可能性があることです。

過去問 トライアル	平成20年度　第23問
	内部利益率法の特徴
類題の状況	R04-Q21　H28-Q17　H26-Q16　H25-Q17　H24-Q18 H20-Q13　H17-Q10⑵

投資の経済性計算に関する記述として、最も適切なものの組み合わせを下記の解答群から選べ。

a　内部利益率は、投資案の正味現在価値をゼロとする割引率である。

b　内部利益率は、投資案の割引キャッシュ・フローの和をゼロとする割引率である。

c　収益性指数は、投資案の正味現在価値をその投資額で除して求められる。

d　回収期間法は、回収後のキャッシュ・フローを無視している。

e　キャッシュ・フローが、当初マイナスでその後プラスになる投資案の場合、その正味現在価値は割引率が大きくなるほど大きくなる。

〔解答群〕

ア　aとbとd　　**イ**　aとcとd　　**ウ**　bとcとe　　**エ**　bとdとe

1　内部利益率（ＩＲＲ）法

❶ 内部利益率（ＩＲＲ）の意義

内部利益率（ＩＲＲ）とは、前テーマで学習した正味現在価値（ＮＰＶ）がゼロとなる割引率のことです。すなわち、設備投資を複数年にわたって回収する将来の増分キャッシュ・フローを現在価値に割り引いて合計した割引キャッシュ・フローが、初期投資額と一致するような割引率のことです。

内部利益率は、現在価値を計算する（将来から現在を見る）際には「割引率」となりますが、逆に現在価値から将来に回収されるキャッシュ・フローを見た場合は「投資収益率」と解釈できます。すなわち、設備投資の資金提供者（債権者や株主）の期待する収益率（資本コスト）が内部利益率（ＩＲＲ）と同一である場合、資金提供者は、（過分な満足も不満もなく）最低限の満足をします。

❷ 内部利益率（ＩＲＲ）法による設備投資の評価

設備投資の資金提供者は、投資収益率が期待収益率の最低限度である資本コスト以上であれば満足します。また、上述のように、内部利益率（ＩＲＲ）を投資収益率と解釈できることから、結局、以下の式が成り立つ場合に設備投資を行うべきといえます。

内部利益率（ＩＲＲ）≧資本コスト（ＷＡＣＣが典型的）

図表3-7-1のような設備投資案件を考えてみると、内部利益率（IRR）は9%と10%の間であることが分かります。

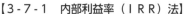

【3-7-1　内部利益率（IRR）法】

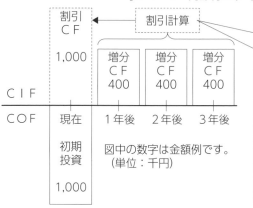

割引率がIRRである場合、年度ごとの増分CF400千円を3年の年金現価係数で割り引くと、初期投資1,000千円となります。これより、3年の年金現価係数は2.5（＝1,000÷400）となります。

2.5（IRRの年金現価係数）は、2.53（9%の年金現価係数）と2.49（10%の年金現価係数）の間であることから、IRRは9%と10%の間となります。

年金現価係数表（3年）を以下に示します。

割引率	年金現価係数
7%	2.62
8%	2.58
9%	2.53
10%	2.49

【例題】
　初期投資1,000千円、1年後から3年間の増分キャッシュフローが400千円の投資案件のIRRの範囲は以下のいずれか。

　ア　7%未満
　イ　7%と8%の間
　ウ　8%と9%の間
　エ　9%と10%の間
　オ　10%より大きい

年金現価係数表（3年）

割引率	年金現価係数
7%	2.62
8%	2.58
9%	2.53
10%	2.49

【解答】

　割引率がＩＲＲである場合、年度ごとの増分ＣＦ 400 千円を 3 年の年金現価係数で割り引くと、初期投資 1,000 千円となります。

　　年金現価係数　＝　1,000　÷　400
　　　　　　　　　＝　2.5

　よって、ＩＲＲの年金現価係数が 2.5 であることが分かります。

　2.5 は、2.53（9％の年金現価係数）と 2.49（10％の年金現価係数）の間であることから、ＩＲＲは 9％と 10％の間となります。よって、エが正解です。

2 　内部利益率（ＩＲＲ）と正味現在価値（ＮＰＶ）の関係

　評価する設備投資案件が独立投資案件の場合、内部利益率（ＩＲＲ）と正味現在価値（ＮＰＶ）の関係は、図表 3 - 7 - 2 のように表されます。これより、以下のことが分かります。

①　ＮＰＶ≧0 のとき、ＩＲＲ≧資本コスト（資本提供者への還元による負担が小さく採算が取れる）であり、設備投資を採用すべきである。

②　ＮＰＶ＜0 のとき、ＩＲＲ＜資本コスト（資本提供者への還元による負担が大きく採算が取れない）であり、設備投資を採用すべきでない。

【3 - 7 - 2　ＩＲＲとＮＰＶの関係】

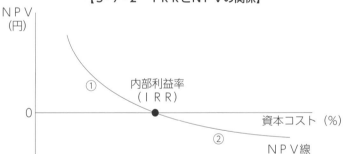

3　意思決定会計

　内部利益率法の長所・短所

　内部利益率法には以下のような長所・短所があります。特に「正味現在価値法」
との違いを把握しておきましょう。

【長所】

　　・貨幣の時間価値を考慮している

　　・比率で評価するため、投資規模の影響を受けずに投資案件の評価ができる

【短所】

　　・比率で評価するため、投資規模が判明せず、規模の小さい投資案件が優先さ
　　　れる場合がある

　　・キャッシュ・フローの正負の記号の変化が「－＋＋－」のように複数回生じ
　　　るような投資案件については、複数の内部利益率が計算される可能性がある

過去問 トライアル解答　**ア**

☑チェック問題

　内部利益率は、投資案の割引キャッシュ・フローの和をゼロとする割引率であ
る。　　　　　　　　　　　　　　　　　　　　　　　　　　　　　　⇒○

▶　内部利益率は、投資案の正味現在価値をゼロとする割引率であるともいえ
　　る。

MEMO

8 設備投資の経済性計算
回収期間法

学 習 事 項 回収期間法

このテーマの要点

回収期間法による設備投資の評価方法を押さえよう

本テーマでは、企業の設備投資案件の経済性（採算性）を評価する方法の１つである回収期間法について学習します。

回収期間法とは、初期投資額を年ごとの増分キャッシュ・フロー（投資を行ったことによって実質的に増加したキャッシュ・フロー）で回収するのに要する期間（回収期間）を求め、回収期間の長さで投資案件の経済性（採算性）を評価する方法です。

独立投資案件（他の投資案件の採否のいかんによらず、その採否が判断できる案件）の場合には、回収期間が許

〈回収期間法の流れ〉

1. 設備投資案件の年ごとの増分キャッシュ・フローを計算します。

　↓

2. 年ごとの増分キャッシュ・フローを現在に近い方から順に、初期投資額から控除していき、回収期間を求めます。

　※増分キャッシュ・フローの全部が控除できない年については、比例按分で端数（１年未満）の期間を求めます。

　↓

3. 回収期間が満足できる範囲かどうかによって投資案件の経済性（採算性）を評価し、採否を判断します。

容基準となる期間より短いのであれば、その投資案件を採用します。**排他的投資案件**（投資資金の制約などにより、一方を採用すれば他方は採用不能となるような案件）の場合には、回収期間の短い投資案件を採用します。

この評価方法の長所は、計算が簡単なことです。短所は、貨幣の時間価値を考慮していないこと、回収期間後の収益性を考慮していないことです。

過去問トライアル	平成17年度　第10問（設問１）
	回収期間法の特徴
類題の状況	R04-Q21　H24-Q18　H20-Q23

投資の経済性計算手法に関する下記の設問に答えよ。ただし、初期投資だけが負のキャッシュ・フロー（支出）、それ以後は毎期正のキャッシュ・フロー（収入）をもたらすような投資案を前提とする。

（設問）

回収期間法に関する記述として<u>最も不適切なものはどれか</u>。

ア 回収期間法は、回収期間が短いほど有利な投資案とする。

イ 回収期間法は、回収後のキャッシュ・フローを無視している。

ウ 回収期間法は、革新的新製品投資のような相当長期の経済命数を有する投資を選択する傾向があると一般にいわれている。

エ 回収期間法は、貨幣の時間価値を考慮していない。

---

1 各年のキャッシュ・フローが同一の場合の回収期間

まずは、図表3-8-1のような、各年の増分キャッシュ・フロー（増分CF）が同一である設備投資案件の回収期間を考えます。

回収期間法では、貨幣の時間価値は考慮しませんので、将来の増分CFを初期投資額と比較する際に、現在価値への割引計算は行いません。そのことは、図表3-8-1に示されている金額は、年度が異なっていてもそのまま比較してよいことを意味しますので、回収期間は以下の簡単な式で算定できます。

$$\text{回収期間（年）} = \frac{\text{初期投資額（円）}}{\text{各年の増分CF（円/年）}}$$

具体的に図表3-8-1の例では、回収期間は2.5年と計算されます。

$$\text{回収期間（年）} = \frac{1,000\text{千円}}{400\text{千円/年}} = 2.5\text{（年）}$$

【3-8-1 各年の増分CFが同一である場合の回収期間】

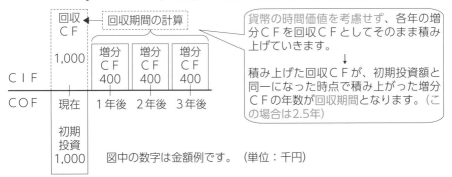

図中の数字は金額例です。（単位：千円）

2 各年のキャッシュ・フローが異なる場合の回収期間

　図表3-8-2のような、各年の増分キャッシュ・フロー（増分ＣＦ）が異なる設備投資案件の回収期間を考えます。

　この場合も、貨幣の時間価値を考慮せず、各年の増分ＣＦを回収ＣＦとしてそのまま積み上げていき、初期投資額と同一になるまで積み上げた増分ＣＦの年数として回収期間を求める考え方は同じです。ただし、各年の増分ＣＦが同一である場合のような簡単な計算式を適用することはできず、回収期間の最終年度の端数計算に注意が必要です。

【3-8-2　各年の増分ＣＦが異なる場合の回収期間】

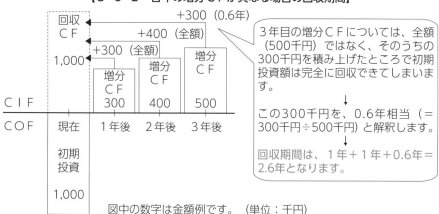

図中の数字は金額例です。（単位：千円）

　図表3-8-1と図表3-8-2の例は、いずれも初期投資額が1,000千円、3年間の増分ＣＦの合計が1,200千円で同じですが、3年間の増分ＣＦの配分が異なるために、回収期間は異なっています。（図表3-8-1では2.5年、図表3-8-2では2.6年）

【例題】
　初期投資 1,000 千円、1年後から5年間の増分キャッシュフローが毎年 200 千円の投資案件の回収期間は何年となるか。

【解答】
　　回収期間　＝　1,000　÷　200
　　　　　　　＝　5
　　よって、回収期間は5年となります。

【例題】
　初期投資 1,000 千円、1 年後から 5 年間の増分キャッシュフローが以下である投資案件の回収期間は何年となるか。
　　1 年後　：400 千円
　　2 年後　：300 千円
　　3 年後　：150 千円
　　4 年後　：100 千円
　　5 年後　：100 千円

【解答】
　　1 年後、回収していない額　：1000 千円　－　400 千円　＝　600 千円
　　2 年後、回収していない額　：　600 千円　－　300 千円　＝　300 千円
　　3 年後、回収していない額　：　300 千円　－　150 千円　＝　150 千円
　　4 年後、回収していない額　：　150 千円　－　100 千円　＝　　50 千円
　　5 年後に回収する必要がある額は 50 千円、増分キャッシュフローは 100 千円
　　50　÷　100　＝　0.5
　よって、回収期間は 4.5 年となります。

● OnePoint　回収期間法の長所・短所

　回収期間法には以下のような長所・短所があります。
【長所】
　・計算が容易
【短所】
　・貨幣の時間価値を考慮していない
　・回収期間後の収益性を無視している

過去問 トライアル解答　ウ

☑チェック問題

　回収期間法は、革新的新製品投資のような相当長期の経済命数を有する投資を選択する傾向があると一般にいわれている。　⇒×

▶　回収期間法では、回収後のキャッシュ・フローを無視するため、より早い段階にキャッシュ・イン・フローの生じる投資案が選択される傾向がある。

MEMO

第 **4** 分野

簿記の基礎論点

簿記の基礎論点

1 各テーマの関連

簿記の基礎論点	簿記の基礎	4-1 簿記上の取引
		4-2 元帳への転記
	期中取引	4-3 信用取引
		4-4 値引き・返品の会計処理
		4-5 仕入割引と売上割引
	決算整理	4-6 売上原価の算定
		4-7 棚卸資産の評価
		4-8 減価償却
		4-9 引当金
		4-10 経過勘定項目
		4-11 有形固定資産および有価証券の売却
	財務諸表等	4-12 精算表

　企業は様々な活動を行っていますが、これらを会計的に「取引」という個別の単位で捉え、その性質に応じて処理を行います。この会計上の「取引」は、まず「仕訳」という方法で「仕訳帳」に記録された後、取引内容の種別に応じて分類された「勘定」と呼ばれる記録場所に集計（「転記」といいます）されます。すべての「勘定」は、「総勘定元帳」と呼ばれる帳簿にまとめられます。そして、総勘定元帳に記載された内容に基づいて、会計期間末（期末）には「財務諸表」が作成されることになります。以上のような、個別取引の仕訳から会計期間末に財務諸表を作成するまでの一連の手続きを、「簿記一巡」といいます。

　本分野では、財務・会計の第一歩として、企業会計の基礎である簿記の概要について学習します。具体的には、最初に、簿記の基礎として重要なものについて、いくつかのテーマに分けて説明します。

① 出題傾向

#	テーマ	H26	H27	H28	H29	H30	R01	R02	R03	R04	R05
4-1	簿記上の取引										
4-2	元帳への転記										
4-3	信用取引										
4-4	値引き・返品の会計処理			1					1		
4-5	仕入割引と売上割引			1							
4-6	売上原価の算定		1	1							1
4-7	棚卸資産の評価				1						1
4-8	減価償却									1	
4-9	引当金							1	1		1
4-10	経過勘定項目				1						
4-11	有形固定資産および有価証券の売却					1	1	1		1	
4-12	精算表										

② 対策

　「簿記の基礎論点」の分野においては、会計上の取引に対する基本的な仕訳の方法を問う問題や、簡単な計算問題が多く出題されています。これらは、財務・会計で扱う内容の全般に関係する基礎的な内容ですので、しっかりと時間をかけて学習してください。

　対策としては、まずは、細かい論点に入る前に、簿記（取引内容を簿記の5要素の性質に応じて借方・貸方へ記帳していく複式簿記）と簿記一巡の基本的な考え方をしっかりと理解してください。そして、主要な勘定科目の名称とそれぞれの勘定科目が簿記の5要素のどれに該当するのかをしっかり覚えてください。取引の仕訳や総勘定元帳への転記については、「習うより慣れよ」で、テキストの例題や問題集で多くの典型的な処理や計算に触れることによって習得するのが効率的といえます。

4
簿記の基礎論点

簿記の基礎
簿記上の取引

学習事項 簿記，日常の取引と簿記上の取引，簿記の5要素

このテーマの要点

火災も取引？　簿記固有の表現に注意！

企業は、事業活動の中で、仕入や販売、給料の支払いなど様々な取引を行います。収支を管理する意味でも、経営状態を把握する上でも、これらの取引を記録し、管理する必要があります。簿記は、日々の取引をあるルールで記帳していきます。

なお、簿記には簿記独特の表現方法があります。簿記上の取引もその中の1つです。

簿記上の取引は、日常で使用される取引という用語と少々範囲が異なります。そこで、ここでは、簿記において取引とは、どんな取引を意味するのかを説明します。具体例をしっかりと覚えておいてください。

〈財務諸表が出来上がるまで〉

日々の取引
⇩
仕訳
⇩
元帳
⇩
財務諸表

過去問トライアル	平成17年度　第1問
	簿記上の取引
類題の状況	－

簿記上の取引に該当する事項として、最も適切なものの組み合わせを下記の解答群から選べ。

　　a　得意先から商品400,000円の注文を受けた。

　　b　備品60,000円を代金翌月末払いで購入した。

　　c　家賃月額80,000円で店舗を借りる契約を結んだ。

　　d　災害によって倉庫が200,000円の損害を受けた。

〔解答群〕

ア　aとb　　**イ**　aとc　　**ウ**　bとc　　**エ**　bとd　　**オ**　cとd

1 簿記とは

会社は、株主や顧客に向けて定期的に会計報告を行うために、財務諸表を作成する必要があります。適切に会計報告を行うためには、「日々の企業活動を帳簿に記入し、その結果を一定期間ごとに報告書（財務諸表）にまとめ、企業の経営成績および財政状態を明らかにしていく」ことが必要になります。この一連の流れを記録することが、これから学習していく「簿記」です。簿記とは、会計帳簿に記録することを意味します。

また、会計帳簿とは、仕訳帳や元帳（もとちょう）などを意味します。この会計帳簿を基礎にして、企業は財務諸表（貸借対照表や損益計算書など）を作成します。

・貸借対照表：「資産」、「負債」、「純資産（資本)」を記載し、企業の一時点の財政状態を表す表。
・損益計算書：「収益」、「費用」を記載し、企業の一定期間における経営成績を表す表。

したがって、企業は日々の取引を、「資産」、「負債」、「純資産」、「収益」、「費用」の5つのカテゴリーに区分します。

2 貸借対照表と損益計算書で把握できるもの

貸借対照表と損益計算書は、企業が毎年、一連の規則に従って作成する必要のある書類です。貸借対照表と損益計算書を参照することで、企業の財政状態はどういった状態であるか、またはどれだけ収益を上げているかといった様子を把握することができます。

① 貸借対照表で把握できるもの

貸借対照表は、会社の一定時点（決算日）における財産状態と財政状態を表します。貸借対照表には会社の所有する「資産」、会社の負っている「負債」、株主からの資本金や留保利益といった正味の財産である「純資産」が記載されます。貸借対照表を参照することで、企業は現金や土地といった資産をどのような方法で調達しているかをつかむことができます。

貸借対照表のイメージ

| 資産
会社の保有する財産。現金や土地など | 負債
会社の負っている借金 |
| | 純資産
負債を返済した場合に残る、正味の財産 |

② 損益計算書で把握できるもの

損益計算書は、会社の一定期間（会計期間）における経営成績を表します。損益計算書には、当期に獲得した「**収益**」、収益獲得に費やした「**費用**」が記載され、この金額をもとに当期の利益、または損失額を計算します。

損益計算書のイメージ

費用 利益獲得に費やした努力	収益 当期に獲得した成果（売上など）
利益 正味の儲け	

3　簿記上の取引

簿記上の取引とは、資産・負債・純資産・収益・費用（簿記の5要素）のいずれかが変動する事象を意味します。そのため、ただ契約を結んだり、注文を受けたりしただけでは簿記の5要素は変動しないため、これらは簿記上の取引には当たらないことになります。

(1) 「簿記上の取引」であり、世間一般でも取引と呼ばれる事象

例：「商品を仕入れる」

(2) 「簿記上の取引」ではないが、世間一般では取引と呼ばれる事象

例：「商品売買に係る契約を結ぶ」

このように、契約の締結だけでは、簿記上は、取引したとは考えません！！

(3) 「簿記上の取引」であるが、世間一般では「取引」とは呼ばない事象

例：「火災による備品の焼失」

このように、火災が発生し備品が焼失してしまった場合、資産が減るので、簿記上の取引に該当します！！

（過去問トライアルの解説）

a　×　注文を受けただけでは、簿記上の取引には該当しません。

b　○　未払金の発生は、簿記上の取引に該当します。

c　×　契約を結んだだけでは、簿記上の取引には該当しません。

d　○　損害を受けた場合、簿記上の取引に該当します。

過去問 トライアル解答　**エ**

♂ Keyword

▶ 仕訳帳
企業の取引を日付順にすべて記述した帳簿のこと。

▶ 元帳
試算表を作る場合や決算をする場合に、もとになる台帳のこと。

▶ 資産
企業が経営活動を行うのに必要な財貨や権利のこと。

▶ 負債
企業が将来、他人に一定の財産を提供しなければならない義務（債務）のこと。

▶ 純資産（資本）
株主からの出資額や企業自身が稼ぎ出した自己資金。資産から負債を控除した正味の財産のこと。

▶ 収益
企業活動によって得られた成果のこと。

▶ 費用
収益を獲得するために費やされた努力・犠牲のこと。

● OnePoint　勘定科目

簿記の5要素の状態や変化を具体的に把握できるように勘定を利用します。財務諸表や仕訳に記載する勘定を勘定科目とよびます。

☑チェック問題

「従業員を月給200,000円で雇った。」は簿記上の取引であるが、「盗難にあい、現金200,000円の損害を受けた。」は、簿記上の取引ではない。　　　⇒×

▶ 「簿記の5要素」（資産、負債、純資産、収益、費用）のいずれかが変動する事象は、すべて簿記上の取引に該当する。単に契約を締結しただけで、目的物の授受を伴わないものは簿記上の取引とはいえない。逆に、財産の変動は契約の締結を前提とするものではなく、盗難や災害による資産の減少も対象とされる。よって、「従業員を月給200,000円で雇った。」は簿記上の取引ではなく、「盗難にあい、現金200,000円の損害を受けた。」は簿記上の取引である。

簿記の基礎
2 元帳への転記

学習事項　元帳の仕組み

（このテーマの要点）

元帳への転記について理解する！

前テーマでは、簿記の目的や簿記上の取引などについて学習しました。

その中で、財務諸表を作成する一連の流れが簿記であると説明しました。財務諸表を作成するには、日々の取引を記帳するだけでは不十分で、いろいろな処理を行う必要があります。

そこで、今テーマでは、元帳について学習します。元帳は、右の図表にもあるように、財務諸表を作成するための帳簿の１つであることがうかがえます。

〈財務諸表が出来上がるまで〉

```
日々の取引
  ⇩
 仕訳
  ⇩
 元帳
  ⇩
財務諸表
```

企業が取引を行うと、それを仕訳し、元帳へ転記することになります。そこで、ここでは元帳への転記の方法を説明します。元帳への転記のルールを覚えておきましょう。

過去問トライアル	平成13年度　第1問
	元帳
類題の状況	H24-Q1

次の元帳記入（単位：千円）から、番号順に取引を推定した。

下記の解答群から適切なものを選べ。

元　帳　記　入

売　掛　金	買　掛　金	借　入　金
①現金 65	②仕入 35	③現金 23

資　本　金	支払利息
④現金500	③現金 2

〔解答群〕

ア ①の取引は売掛金を現金で支払った取引である。

イ ②の取引は掛けで商品を仕入れた取引である。

ウ ③の取引は利息を差引いて借入れを行った取引である。

エ ④の取引は当期純利益を資本金に振り替えた取引である。

1 簿記の流れ

取引の記録から財務諸表作成への流れは次のようになります。

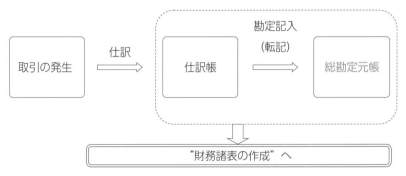

仕訳とは、簿記上の取引を貸借の勘定科目に分類することで、仕訳帳と呼ばれる帳簿に登録します。

2 元帳

❶元帳への転記

すべての勘定は総勘定元帳と呼ばれる帳簿にまとめます。

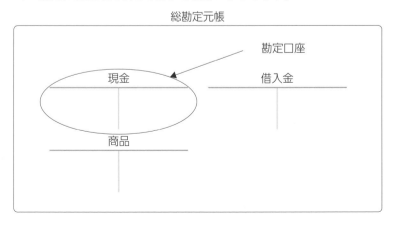

4

簿記の基礎論点

総勘定元帳のＴ字の中には（日付）（摘要）（金額）の順番で仕訳情報を記帳します。

【転記の例】
次の事例で仕訳を総勘定元帳へ転記する方法について理解しましょう。

【例題】
4月1日に現金100万円で土地を購入した。

まず、仕訳を整理します。仕訳は次のようになります。

（借方）　土地　　　100万円　　　（貸方）　現金　　　100万円

この情報を土地と現金の各勘定に転記します。

【4 - 2 - 1　転記の例（単位：万円）】

土　地				現　金		
（日付）	（摘要）	（金額）		（日付）	（摘要）	（金額）
4／1	現金	100		4／1	土地	100

土地は100万円増加したので左側に、現金は100万円減少したので右側に記載します。

② 元帳へ転記を行う理由

元帳が存在せず、仕訳帳のみがある場合を考えてみます。このとき、ある特定の勘定科目（現金など）の仕訳情報を参照したいという場合は、仕訳帳からその勘定科目に関する仕訳情報を探すことになります。膨大な取引情報を記録している仕訳帳から、その都度、対象の仕訳情報を抽出する作業が必要となり、非常に煩雑となってしまいます。そこで、勘定科目別に元帳を作成することで、勘定科目の取引の様子を見やすくしているのです。

✎ Keyword

▶　転記
仕訳した取引を勘定（記録場所）に記入することをいいます。

▶　総勘定元帳
企業が使用するすべての勘定をまとめた帳簿のことをいいます。

③ 仕訳のルール

仕訳という作業は、取引が発生すると必ず2つ以上の勘定科目の増減をもたらします。また、その項目の増減は必ず借方に分類されるものと、貸方に分類されるものが同時に現れるという特徴があります。さらに、借方と貸方の数値の合計は必ず

一致します。

仕訳に記載される勘定科目として、次のようなものが挙げられます。

【4-2-2 勘定科目の例】

簿記の5要素	勘定科目の例
資産	現金、売掛金、受取手形、有価証券、商品、建物、備品、ソフトウェアなど
負債	買掛金、支払手形、短期借入金、長期借入金、社債、賞与引当金など
純資産	資本金、資本準備金、利益準備金、任意積立金、繰越利益剰余金など
収益	売上、受取配当金、仕入割引、有価証券売却益など
費用	仕入、賃借料、支払利息、給料手当、固定資産売却損など

勘定科目別の記載方法は次の通りとなります。

簿記の5要素	増える場合	減る場合	記録場所
資産	借方に記載	貸方に記載	貸借対照表
負債	貸方に記載	借方に記載	貸借対照表
純資産	貸方に記載	借方に記載	貸借対照表
収益	貸方に記載	借方に記載	損益計算書
費用	借方に記載	貸方に記載	損益計算書

ここで重要なのは、資産や負債などが減る場合であっても仕訳にはマイナスの数字を記述するわけではないということです。次の仕訳を例に考えてみましょう。

【例題】
　①4月1日に、現金100円で商品を売り上げた。
　②4月2日に、4月1日に売り上げた商品が返品された。

①の仕訳は次のようになります。

（借方）　現金	100	（貸方）　売上	100

②では、①の仕訳を消すのではなく、次のような仕訳を行います。

（借方）　売上	100	（貸方）　現金	100

①および②の仕訳が元帳に転記されると、現金も売上もプラスマイナス0となり、結果的に仕訳が相殺されます。

勘定記入のルールは次のようになります。

【4-2-3　勘定記入のルール】

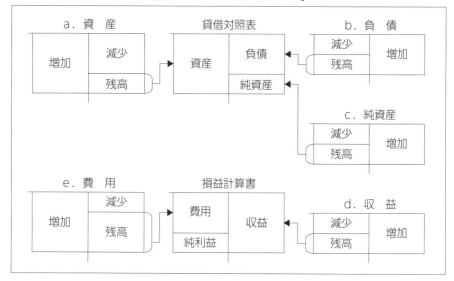

① 借方に属する勘定科目が増加した場合…勘定の借方に記入
② 借方に属する勘定科目が減少した場合…勘定の貸方に記入
③ 貸方に属する勘定科目が増加した場合…勘定の貸方に記入
④ 貸方に属する勘定科目が減少した場合…勘定の借方に記入

(過去問トライアルの解説)

ア × ①の取引は現金で売掛金を回収した取引です。

イ ○

ウ × ③の取引は現金で借入金を返済し、さらに利息を支払った取引です。

エ × ④の取引は現金と資本金が増えた取引です。例えば、株式を発行した場合です。

過去問 トライアル解答　**イ**

☑チェック問題

売掛金勘定の（貸方）現金65は、売掛金を現金で支払った取引を表す。また、買掛金勘定の（貸方）仕入35は、掛けで商品を仕入れた取引を表す。　　⇒×

▶ 売掛金勘定の（貸方）現金65は、売掛金を現金で回収した取引を表す。また、買掛金勘定の（貸方）仕入35は、掛けで商品を仕入れた取引を表す。

期中取引
3 信用取引

学習事項 信用取引, 売掛金, 買掛金, 受取手形, 支払手形

このテーマの要点

信用取引に関する会計処理を理解しよう！

一般に、企業が取引を行う場合、その場での現金決済は行われず、あらかじめ決められた期日に決済を行います。これを信用取引といいます。信用取引には、掛取引や手形取引があります。

掛取引とは、代金の支払いや回収を商品の購入や販売の都度行うのではなく、一定期間経ってから行う取引のことです。

手形とは、将来の特定の日に特定の金額を支払うことを約束した有価証券であり、手形取引は、この手形を利用して取引を行うことをいいます。

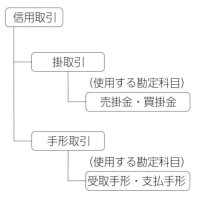

〈信用取引の種別〉

つまり、これらの信用取引は、代金の後払いを認める取引になります。こうした信用取引については、キャッシュ・フロー計算書などでも必要になる知識といえます。ここでは、掛け売買を取り上げて、会計処理を説明することにします。

過去問 トライアル	平成24年度　第1問
	仕訳
類題の状況	H21-Q11

次の仕訳の説明として最も適切なものを下記の解答群から選べ。

（借）仕入　400,000　　（貸）売掛金　400,000

〔解答群〕

ア　掛売りした商品のうち400,000円分の返品を得意先から受けた。

イ　商品400,000 円を掛で仕入れた際に勘定科目を貸借反対に仕訳していたので訂正した。

ウ　商品400,000 円を仕入れ、為替手形を振り出し、得意先の引き受けを得て仕入先に渡した。

エ　商品400,000 円を返品した際に誤って掛売りとして仕訳していたので訂正した。

1 信用取引で使用される勘定科目

ここでは、信用取引で使用される勘定科目について整理します。

売掛金	後日、代金を受け取ることができる権利をいいます（掛けで売る）。
買掛金	後日、代金を支払う義務をいいます（掛けで買う）。
受取手形	自分または自社が手形代金の受取人である手形をいいます。
支払手形	自分または自社が手形代金の支払人である手形をいいます。

4

簿記の基礎論点

2 信用取引の仕訳と元帳への転記

【設例】 商品売買

①仕入先から商品2,000円を掛けで仕入れた。
②仕入先に買掛金のうち1,400円を現金で支払った。
③上記商品を2,500円掛けで売り上げた。
④得意先から売掛金のうち1,800円を得意先の振り出した現金で回収した。

〈仕訳〉

① 掛仕入

2,000円仕入の商品が増えて、その分、買掛金と呼ばれる支払い義務が生じます。

(借方) 仕入	2,000	(貸方) 買掛金	2,000
(費用の発生)		(負債の増加)	

② 買掛金の支払い

2,000円の買掛金のうち、1,400円の支払い（債務の履行）を行います。

(借方) 買掛金	1,400	(貸方) 現金	1,400
(負債の減少)		(資産の減少)	

この場合の買掛金残高は2,000－1,400＝600円となります（下図参照）。

(買掛金勘定)

買掛金

支払高 1,400	掛仕入 2,000
残高 600	

③ 掛売上

2,500円分の売上が掛売上であると下のような仕訳となります。

(借方) 売掛金	2,500	(貸方) 売上	2,500
(資産の増加)		(収益の発生)	

④ 売掛金の回収

売掛金2,500円のうち、1,800円を回収します。

(借方) 現金	1,800	(貸方) 売掛金	1,800
(資産の増加)		(資産の減少)	

この場合の売掛金の残高は2,500−1,800＝700円となります（下図参照）。

（売掛金勘定）

売掛金

掛売上 2,500	回収高 1,800
	残高 700

4
簿記の基礎論点

過去問 トライアル解答　**ウ**

☑チェック問題

　買掛金を現金で支払った場合の仕訳は、（借方）買掛金／（貸方）現金　となる。また、売掛金を現金で回収した場合の仕訳は、（借方）現金／（貸方）売掛金となる。　　　　　　　　　　　　　　　　　　　　　　　　　　　　⇒○

▶　買掛金は負債なので（借方）は減少を意味し、現金は資産なので（貸方）は減少を意味するので、買掛金を現金で支払った場合に該当する。また、現金は資産なので（借方）は増加を意味し、売掛金は資産なので（貸方）は減少を意味するので、売掛金を現金で回収した場合に該当する。

MEMO

4 期中取引
値引き・返品の会計処理

学習事項　値引き，返品

このテーマの要点

値引きや返品があると仕入や売上も修正する！

現実の取引では、商品を送付している最中に型崩れや変色などが発生する場合があります。こうした場合、当初予定していた取引価格や数量を修正しなければなりません。あるいは、取引先から返品を受けてしまう場合もあるでしょう。

〈値引きや返品の考え方〉

純売上高
＝総売上高－（値引き・返品）

純仕入高
＝総仕入高－（値引き・返品）

当初予定していた取引価格や数量を修正する場合には、会社は本来約束した商品を期日までに、決められた数量で納入できないわけですから、値引きを行うことで対応する場合があります。

不良等が原因で取引先から返品を受けた場合は、当然予定していた分の売上が減ることになります。売上の減少分を仕訳として記帳する必要があります。

そこで、ここではこうした事象が生じた場合にどのように会計処理を行うかについて説明します。

過去問トライアル	平成21年度　第2問
	値引きや返品など
類題の状況	R03-Q1　H28-Q1

損益に関するA群とB群の用語の組み合わせとして、最も適切なものを下記の解答群から選べ。

[A群]
① 売上値引
② 売上割引
③ 売上割戻

[B群]
a 総売上高の控除項目
b 販売費
c 営業外費用

〔解答群〕
ア ①とb
イ ②とa
ウ ②とc
エ ③とb

1 返品とは

返品とは、商品を返送することをいいます。会計処理としては、返品が行われた場合には、商品売買取引が取り消されたことになります。

【設例1】返品

①仕入先から仕入れた商品1,000円を品違いのため返品した。
②得意先へ1,200円で売り上げた商品が品違いにより返品された。

設例1①、②の仕訳は、それぞれ次のようになります。

①	仕入時：	（借方）仕入	1,000	（貸方）買掛金	1,000
	返品時：	（借方）買掛金	1,000	（貸方）仕入	1,000

②	売上時：	（借方）売掛金	1,200	（貸方）売上	1,200
	返品時：	（借方）売上	1,200	（貸方）売掛金	1,200

2 値引きとは

値引きとは、商品の品不足や品質不良などの理由で、事後的に商品代金の減額を行うことをいいます。会計処理は、値引きされた金額を「仕入」ないし「売上」の減額として処理します。

【設例2】値引き

①仕入先から仕入れた商品1,000円について、品質不良のため100円の値引きを受けた。
②得意先に1,200円で販売した商品について、品質不良のため200円の値引きを行った。

設例2①、②の仕訳は、それぞれ次のようになります。

①	仕入時：	（借方）仕入	1,000	（貸方）買掛金	1,000
	値引時：	（借方）買掛金	100	（貸方）仕入	100

②	売上時：	（借方）売掛金	1,200	（貸方）売上	1,200
	値引時：	（借方）売上	200	（貸方）売掛金	200

4

簿記の基礎論点

損益計算書に記載する売上高および仕入は、下に示すように、「純売上の金額」と「純仕入の金額」を記載することになります。

【損益計算書に記載する売上高と仕入】
売上高＝総売上高－(返品・値引き額)＝純売上の金額
仕入＝総仕入高－(返品・値引き額)＝純仕入の金額

なお、これ以外に割引と呼ばれる取引が存在します。割引は次のテーマで学習しますが、割引で差し引かれる金額は売上または仕入から差し引くのではなく、営業外収益または営業外費用として計上します。

●OnePoint　返品・値引きがある場合の原価

返品や値引きがある場合は、取得原価は購入代価に手数料等の付随費用を加えた金額から、返品・値引額を控除したものとなります。

⚷ Keyword

▶ **仕入戻し**
仕入れた商品を仕入先に返品することをいいます。

▶ **売上戻り**
売り上げた商品が納入先から返品されることをいいます。

(過去問トライアルの解説)

[A群]　　　　　　　　[B群]
① 売上値引　⇒　a　総売上高の控除項目
② 売上割引　⇒　c　営業外費用
③ 売上割戻　⇒　a　総売上高の控除項目

過去問 トライアル解答 　▶ ウ

● OnePoint　値引き、返品、割戻、割引の整理

売上高 ←────(控除先)──── 販売の値引き・返品（戻り）

売上原価 ←──────── 仕入の値引き・返品（戻し）

　売上総利益

販管費

　営業利益

営業外収益 ←──────── 仕入割引（受取利息に相当）

営業外費用 ←──────── 売上割引（支払利息に相当）

　経常利益

　　：

☑チェック問題

　売上値引は、品質不良・破損等による商品代金の控除である。売上戻りは、品質不良・破損等による商品の返品である。　　　　　　　　　　　　⇒○

▶　売上値引、売上戻りは、いずれも総売上高の控除項目である。なお、売上割引は総売上高の控除項目ではなく、営業外費用であることに注意すること。

4 簿記の基礎論点

期中取引
仕入割引と売上割引

学 習 事 項 仕入割引，売上割引

このテーマの要点

買掛金を予定日よりも早めに決済すると？

掛け代金の支払いあるいは受け取りは、一般に期日が設定されます。しかし、現実には、それよりも早く代金を決済することがあります。早めに代金の決済を受けた会社としては、予定よりも、入金が早くなるので助かります。

このように代金を早めに決済することによって、予定の代金を金利相当分のみ減額することがあります。この減額分は、営業取引とは異なる取引と認識します。ここでは、こうした割引に関する会計処理を説明します。

〈値引き・返品と割引の違い〉

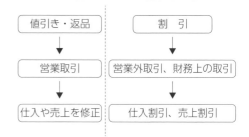

過去問 トライアル	平成15年度　第1問
	売上総利益の計算
類題の状況	H28-Q2　H24-Q3　H21-Q2

次のデータをもとに売上総利益の金額を求めるとき、最も適切なものはどれか。

| 総 売 上 高 | 1,000千円 | 総 仕 入 高 | 600千円 | 仕入値引 | 10千円 |
| 期首商品棚卸高 | 50千円 | 期末商品棚卸高 | 30千円 | 売上割引 | 15千円 |

ア　375千円　　イ　390千円　　ウ　400千円　　エ　415千円　　オ　430千円

1 仕入割引

仕入割引とは、買掛金の決済を支払期日より早く行ったことにより、仕入先から掛代金の一部を免除された場合の当該金額を意味します。この代金の免除額を「仕入割引（損益計算書の営業外収益）」として処理します。

買掛金や売掛金は、代金の後払いを認めるものですが、この代金の中には、利息が含まれていると考えることができます。

ここで、代金を予定日よりも早期に返済すると、利息の支払いを免除されると考えることができます。したがって、仕入割引は、営業取引ではなく、財務取引（営業外取引）となります。

【設例】仕入割引

当社は仕入先に対する買掛金5,000円の早期決済について3％の割引を受け、残額は現金で支払った。この場合、仕入額および仕入割引の額を求めなさい。

仕入割引＝5,000円×3％＝150円　仕入＝5,000円（仕入割引は仕入から控除しません）

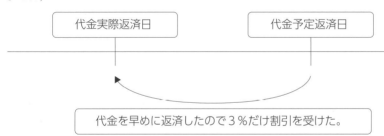

この場合の仕訳は次のようになります。

（借方）	買掛金	5,000	（貸方）	現金	4,850
				仕入割引	150

仕入割引という勘定科目は、収益に該当する勘定科目となります。

4
簿記の基礎論点

2 売上割引

　売掛金の決済を決済期日より早く行った得意先に対して、掛代金の一部を免除する場合、当該免除額は「売上割引（損益計算書の営業外費用）」として処理します。返品や値引きとは異なり、直接「売上」勘定を減額することはありません。

【設例】売上割引

　当社は得意先に対する売掛金5,000円の早期決済を受けたことについて３％の割引を行い、掛代金の残額は現金で受け取った。この場合、売上額および売上割引の額を求めなさい。

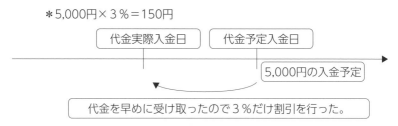

＊5,000円×３％＝150円

売上割引＝5,000円×３％＝150円

　この売上割引は、財務費用として認識されます。つまり、営業外費用となるのです。売上＝5,000円（売上割引は控除されないので注意しましょう）。この場合の仕訳は次のようになります。

（借方）	現金	4,850	（貸方）	売掛金	5,000
	売上割引	150			

　売上割引という勘定科目は、費用に該当する勘定科目となります。

✍ Keyword

▶　現金割引

　掛販売は、通常決済期日までの金利を上乗せして販売します。そこで、決済期日前に代金を決済する場合に、実際の支払日から決済期日までの金利相当額を差し引くことがあります。これを現金割引といいます。

● OnePoint | **仕入と売上原価の違い**

　仕入とは、当期にいくら商品を仕入れたかを金額として表したものです。売上原価は、当期にどれだけ売れたかを表すものです。例えば、1,000円分だけ商品を仕入れたとしても、当期全くその商品が売れなければ、仕入は1,000円、売上原価は0円となります。詳しくは後述テーマ「4−6　売上原価の算定」を参照してください。

（過去問トライアルの解説）

　売上総利益＝売上高−売上原価

＊　売上原価の求め方

　　売上原価＝期首商品棚卸高＋純仕入高−期末商品棚卸高

　　売上原価＝50千円＋純仕入高（600千円−10千円）−30千円＝610千円と計算されます。

　以上より、求める売上総利益は、1,000千円−610千円＝390千円と計算されます。

過去問 トライアル解答　　イ

☑チェック問題

　仕入割引（買掛金の決済を支払期日より早く行ったことにより、仕入先から掛代金の一部を免除された場合の当該免除額）は、営業外費用として処理される。また、売上割引（売掛金の決済を期日より早く行った得意先に対して、掛代金の一部を免除する場合の当該免除額）は、営業外収益として処理される。　　⇒×

▶　仕入割引は営業外収益として処理され、売上割引は営業外費用として処理される。

※　ただし、売上割引を営業外費用として扱うのは、中小企業等において新しい「収益認識に関する会計基準」を適用しない場合である。同会計基準を適用する場合は、売上割引の予定額をいったん「返金負債」として計上し、売上割引が適用されるタイミングでこの「返金負債」を取り崩すという処理になる。

4

簿記の基礎論点

決算整理
売上原価の算定

学習事項 決算整理, 売上原価, 仕入原価, 売上原価の算定式

このテーマの要点

決算整理に必要な売上原価の算定方法を押さえよう！

企業は期中に行った様々な取引を記帳し、これに基づいて財務諸表を作成します。しかし、期中取引に関する仕訳を仕訳帳に行い、勘定記入をするだけでは、財務諸表を作成することはできません。期末に様々な整理・調整が必要になる項目も存在するためです。例えば、商品売買を営む企業は、期末において売上原価を算定する必要があります。

〈決算時に発生する会計処理の例〉

①	売上原価の算定
②	棚卸資産の評価
③	有形固定資産の減価償却など
④	貸倒引当金の設定など
⑤	経過勘定項目

※青字の部分が今回学習する分野

このような期末に行われる整理・調整を決算整理といいます。また、決算整理により新たに行われる仕訳を決算整理仕訳といいます。

本テーマでは、この決算整理の1つである、売上原価の算定について学習します。売上原価の算定は、単に仕入額を合計するだけでなく、期首商品や期末商品の仕入額も考慮する必要があります。売上原価の算定式を押さえることで、確実に売上原価を算定できるようにしましょう。

過去問 トライアル	平成21年度　第1問（改題）
	売上原価の算定
類題の状況	R05-Q1　H28-Q1　H27-Q1　H21-Q3

期末の決算整理前残高試算表と決算整理事項（単位：千円）は次のとおりである。この場合の当期の売上原価はいくらか。

決算整理前残高試算表

（単位：千円）

借　　方	勘　定　科　目	貸　　方
5,000	現　　　　　金	
15,000	当　座　預　金	
30,000	売　　掛　　金	
	貸　倒　引　当　金	1,000
6,000	繰　越　商　品	
12,000	備　　　　　品	
	備品減価償却累計額	5,400
	買　　掛　　金	7,600
	借　　入　　金	18,000
	資　　本　　金	40,000
	売　　　　　上	68,000
57,000	仕　　　　　入	
11,000	給　　　　　料	
3,000	支　払　家　賃	
1,000	支　払　利　息	
140,000		140,000

決算整理事項：

①　商品の期末棚卸高は8,000である。

②　売掛金の残高に対して4％の貸倒引当金を設定する。

③　備品（耐用年数6年、残存価額は取得原価の10％、取得後4年間経過）の減価償却を定額法により行う。

1 仕入原価と売上原価

売上原価とは、当期の売上高に対応する販売した商品にかかった原価を表します。仕入原価とは、当期に仕入れた商品にかかった原価を表します。仕入原価には当期中には販売せず、在庫として次期以降に繰り越されるものも含まれています。

そのため、会計年度で商品の売上原価を計算する場合は、期首在庫の原価と仕入原価を当期売上品と期末在庫（期末商品）とに配分して「売上原価」の金額を算定する必要があります。

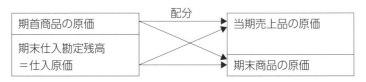

2 売上原価の算定式

売上原価の算定式は次の式で表されます。

売上原価＝期首商品棚卸高＋当期商品（純）仕入高－期末商品棚卸高
**　　　　　（期首在庫）　　　　　　　　　　　　　（期末在庫）**

次の問題を例に、売上原価を算定してみます。

【設問】次のような仕訳が発生した場合の当期の売上原価を算出せよ。
①当期中、当社は仕入先から商品13,000千円を掛けで仕入れた。
②当期中、当社は得意先に商品を16,000千円で掛販売した。
③会計期末を迎えたので決算整理を行う。期首商品棚卸高は2,000千円、期末商品棚卸高は3,000千円である。

売上原価の算定式を使用すると、売上原価は次のように表されます。

売上原価＝2,000＋13,000－3,000＝12,000（千円）

次のようなボックス図を利用すると、計算がイメージしやすくなります。

期首商品棚卸高 2,000千円	売上原価（差額） 2,000千円＋13,000千円－3,000千円 ＝12,000千円
当期商品仕入高 13,000千円	
	期末商品棚卸高 3,000千円

損益計算書 （単位：千円）

Ⅰ	売　　　　上　　　　高		16,000
Ⅱ	売　　上　　原　　価		
	1　期首商品棚卸高	2,000	
	2　当期商品仕入高	13,000	
	合計	15,000	
	3　期末商品棚卸高	3,000	12,000
	売　上　総　利　益		4,000

期首商品棚卸高に関する仕訳と期末商品棚卸高に関する決算整理仕訳は次の通りです。

①　期首商品

（借方）仕入　　　2,000　　　（貸方）繰越商品　2,000

②　期末商品

（借方）繰越商品　3,000　　　（貸方）仕入　　　　3,000

（過去問トライアルの解説）

売上原価＝繰越商品6,000＋仕入57,000－期末商品棚卸高8,000＝55,000（千円）

過去問 トライアル解答　　**55,000 千円**

☑チェック問題

期首商品棚卸高2,000千円、売上原価13,000千円、期末商品棚卸高3,000千円のとき、当期商品仕入高は8,000千円である。　　　　　　　⇒×

▶　期首商品棚卸高2,000千円、売上原価13,000千円、期末商品棚卸高3,000千円のとき、当期商品仕入高は14,000千円　である。

決算整理
棚卸資産の評価

学習事項 棚卸減耗損，商品評価損

このテーマの要点

保有する在庫の評価を理解する！

期末の在庫に関して、帳簿上の数量と実地棚卸の数量が合わない場合があります。また、期末に抱える在庫の時価が低下してしまっている場合があります。ここでは、こうしたケースにおける在庫の評価について説明します。

〈決算時に発生する会計処理の例〉

①	売上原価の算定
②	棚卸資産の評価
③	有形固定資産の減価償却など
④	貸倒引当金の設定など
⑤	経過勘定項目

※青字の部分が今回学習する分野

```
期末棚卸資産の評価
├─ 実地数量の減少 ── 棚卸減耗損
└─ 時価の下落 ── 商品評価損
```

過去問トライアル	平成29年度　第1問
	決算処理
類題の状況	R05-Q1(再)　R02-Q1　H14-Q7

次の期末商品に関する資料に基づいて、棚卸減耗費と商品評価損の金額の組み合わせとして、最も適切なものを下記の解答群から選べ。

【資料】

帳簿棚卸数量	60個
実地棚卸数量	50個
原価	@200円
正味売却価額	@190円

〔解答群〕

ア　棚卸減耗費：1,900円　　　商品評価損：500円
イ　棚卸減耗費：1,900円　　　商品評価損：600円
ウ　棚卸減耗費：2,000円　　　商品評価損：500円
エ　棚卸減耗費：2,000円　　　商品評価損：600円

1　棚卸差損とは

　帳簿上の期末棚卸高と、実際の棚卸高との差額を棚卸差損といいます。棚卸差損の発生原因は以下の2つに大別されます。

| ① | 棚 卸 減 耗 | 商品の紛失などによる数量的な目減り |
| ② | 収益性の低下 | 時価の下落による単価面での目減り |

2　棚卸差損の計算

① 棚卸減耗損

　棚卸減耗損とは、紛失・盗難・蒸発などの原因によって生じる棚卸資産の数量的な減少を意味します。当該棚卸資産の数量的な減少は「棚卸減耗損（棚卸減耗費）」の科目を用いて費用として処理し、その金額は帳簿上の数量と実際数量との差に棚卸資産の単価を乗じて算定します。

② 商品評価損

　商品評価損とは、取得原価よりも時価が下落している場合の差額を意味します。

【設例】棚卸差損の計算問題
　以下の資料に基づき、当期末における棚卸減耗費と商品評価損の金額を求めなさい。
当期の期首商品棚卸高：54,000円
当期の期末商品棚卸高：帳簿棚卸高　数量300個　取得原価@200円
　　　　　　　　　　　実地棚卸高　数量280個　時価@190円

◎貸借対照表上の「商品」＝期末の在庫…53,200円

4

簿記の基礎論点

3 損益計算書上の表示

① 棚卸減耗損

　発生した**棚卸減耗費**について、当該棚卸減耗損に原価性がある場合には「売上原価ないしは製造原価の内訳科目」または「販売費」に計上し、原価性がない場合には「営業外費用」または「特別損失」に計上します。

② 商品評価損

　発生した**商品評価損**について、通常は「売上原価ないしは製造原価の内訳科目」として計上し、臨時の事象に起因し、金額的に大きい場合は「特別損失」に計上します。

　これらの関係は下表のようにまとめられます。

【棚卸差損の損益計算書上の表示】

		売上原価 or 製造原価	販売費	営業外費用	特別損失
棚卸減耗損	原価性あり	○	○		
	原価性なし			○	○
商品評価損	原価性あり	○			
	原価性なし＆多額				○

● OnePoint　原価性

　「原価性がある」とは、通常の営業活動の中で経常的に発生するということを意味します。例えば、ガソリンのような揮発性物質は、営業活動の中で蒸発していきますので、原価性があることになります。

(過去問トライアルの解説)

原価@200円

| 商品評価損 500円 | 棚卸減耗費 2,000円 |

時価@190円

B/S期末商品

実地棚卸数量 50個　　　　　帳簿棚卸数量 60個

過去問 トライアル解答 **ウ**

☑チェック問題

　期末商品棚卸高のデータ（帳簿棚卸数量1,000個、実地棚卸数量990個、原価 @60円、時価@58円）に基づく商品評価損は、2,000円である。　　　　⇒×

▶　商品評価損＝（原価@60円－時価@58円）×実地棚卸数量990個＝2円× 990個＝1,980円　である。

4
簿記の基礎論点

8 決算整理
減価償却

学習事項 減価償却

このテーマの要点

固定資産の価値は減少していく!

ここでは、固定資産の減価償却について説明します。固定資産は、土地などの一部の固定資産を除き、一般には、時間の経過や固定資産の使用に伴い、その価値は減少していきます。この固定資産の価値の減少分を、決算時に減価償却費として費用計上します。この減価償却費は、給与など他の一般的な費用と異なり、現金の支出を伴いません。そのため、後で

〈決算時に発生する会計処理の例〉

①	売上原価の算定
②	棚卸資産の評価
③	有形固定資産の減価償却など
④	貸倒引当金の設定など
⑤	経過勘定項目

※青字の部分が今回学習する分野

学習するキャッシュ・フローやファイナンス分野においてもしばしば取り上げられる内容となります。具体的な計算も含めてしっかりと理解しておきましょう。

(減価償却方法)
① 定額法
② 定率法

過去問トライアル	平成15年度　第4問
	減価償却費の計算
類題の状況	R04-Q11　H21-Q1

B商店は平成13年4月1日に備品を4,000万円で購入した。耐用年数8年、残存価額400万円、償却率25%とし、定率法で償却を行うとすれば、平成14年度(平成14年4月1日〜平成15年3月31日)における当該備品の当期償却額はいくらか。

ア　250万円　　イ　675万円　　ウ　750万円　　エ　900万円　　オ　1,000万円

1 減価償却の意義

　機械や設備などの価値が下がった分を金額で評価したものを減価償却費といいます。通常、機械や建物などは、複数の期をまたがって使用されますが、機械や設備の購入は、ある特定の期に行われます。投資にかかった費用を、支払った期の１期のみに計上してしまうと、当該期の費用が大きくかさんでしまいます。このような複数期に使用することを目的として投入する費用を、複数期で按分するために減価償却費が使用されます。

【4 - 8 - 1　減価償却費のイメージ】

〈減価償却費がない場合〉

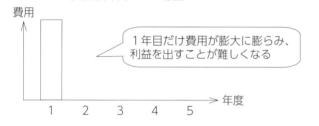

〈減価償却費：定額法〉　　　　　　　〈減価償却費：定率法〉

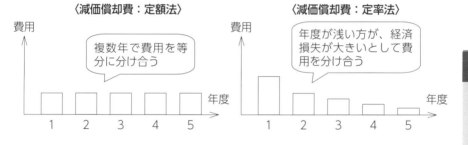

2 減価償却の３要素

ⅰ）取得原価、ⅱ）耐用年数、ⅲ）残存価額

　ⅰ）　取得原価　……固定資産の取得に要した金額

　ⅱ）　耐用年数　……固定資産の使用可能年数

　ⅲ）　残存価額　……耐用年数経過後の残存価値

4 簿記の基礎論点

本テーマでは、代表的な定額法、定率法について説明します。

❶ 定額法：毎期、定額で計上する方法

$$減価償却費 = \frac{取得原価 - 残存価額}{耐用年数}$$

減価償却費として費用処理された金額は仕訳において借方に記入され、相手勘定には通常「減価償却累計額」が記入されます。

【設例】減価償却（定額法）

　以下の資料に基づき、X1年度末およびX2年度末における減価償却費を求めなさい。
① X1年度期首（X1年4/1）、当社は備品を80,000円で取得し、直ちに事業の用に供している。
② 当該備品にかかる減価償却は定額法（耐用年数8年、残存価額は取得価額の10％）で行う。

ⅰ）X1年度末（X2年3/31）

　　備品減価償却費 =（取得原価80,000 − 80,000×10％）÷耐用年数8年

　　　　　　　　　= 80,000×0.9÷8年 = 9,000円

ⅱ）X2年度末（X3年3/31）

　　備品減価償却費 =（取得原価80,000 − 80,000×10％）÷耐用年数8年

　　　　　　　　　= 80,000×0.9÷8年 = 9,000円

❷ 定率法：毎期、定率で償却する方法

$$減価償却費 = 期首帳簿価額×償却率$$
$$= （取得原価 − 期首減価償却累計額）×償却率$$

【設例】減価償却（定率法）

　以下の資料に基づき，X1年度末、X2年度末およびX3年度末における減価償却費を求めなさい。
　X1年度期首（X1年4/1）、当社は備品を80,000円で取得し、直ちに事業の用に供している。
　当該備品にかかる減価償却は定率法で行うものとし、償却率は25％とする。

ⅰ）X1年度末（X2年3/31）

　　備品減価償却費 =（取得原価80,000 − 期首減価償却累計額0）×償却率25％

　　　　　　　　　= 80,000×0.25

　　　　　　　　　= 20,000円

ⅱ）X2年度末（X3年3/31）

　　備品減価償却費 =（取得原価80,000 − 期首減価償却累計額）×償却率25％

　　減価償却累計額 = 20,000（X1年度末の減価償却費）

よって
備品減価償却費＝　(80,000－20,000)×0.25
　　　　　　　　＝　60,000　×　0.25
　　　　　　　　＝　15,000円
ⅲ）X3年度末（X4年3/31）
　備品減価償却費＝（取得原価80,000－期首減価償却累計額）×償却率25％
　減価償却累計額＝　20,000（X1年度末の減価償却費）
　　　　　　　　　　　　＋　15,000（X2年度末の減価償却費）
　　　　　　　　＝　35,000
よって
備品減価償却費＝　(80,000－35,000)×0.25
　　　　　　　　＝　45,000　×　0.25
　　　　　　　　＝　11,250円

4　減価償却費の仕訳

❶ 直接控除法と間接控除法

　減価償却費の仕訳には、直接控除法と間接控除法があります。例えば、10,000で購入した建物を1,000だけ減価償却する場合、それぞれの仕訳は次の通りとなります。

直接控除法	（借方）減価償却費　1,000　（貸方）建　物　　　　　1,000
間接控除法	（借方）減価償却費　1,000　（貸方）減価償却累計額　1,000

❷ 貸借対照表上の表示

　貸借対照表上では、直接控除法の場合は資産の建物の額が9,000に減少することになります。一方で、間接控除法の場合は、建物の額は10,000のままで、減価償却累計額という項目が資産の部のマイナス項目として計上されることになります。

4
簿記の基礎論点

【4-8-2 貸借対照表上の表示】

直接控除法の場合

建物　　　　　　　9,000	

間接控除法の場合

建物　　　　　　　10,000 減価償却累計額　△1,000	

（過去問トライアルの解説）

　減価償却額＝期首帳簿残高×償却率

　期首帳簿残高＝取得原価－期首減価償却累計額

　平成13年度減価償却額＝取得原価4,000万円×償却率25％＝1,000万円

　平成14年度減価償却額＝（取得原価4,000万円－減価償却累計額1,000万円）×25％＝750万円

（参考）　平成15年度減価償却額＝（取得原価4,000万円－減価償却累計額1,000万円－750万円）×25％＝562.5万円

このように定率法の場合、年々の減価償却費が逓減していきます。

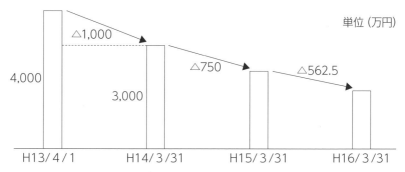

過去問　トライアル解答　　ウ

☑チェック問題

　平成28年4月1日に備品を4,000万円で購入した。耐用年数8年、残存価額400万円、償却率25％である。平成30年度（平成30年4月1日～平成31年3月31日）の期首帳簿残高は、定額法の場合は2,250万円であり、定率法の場合は3,100万円である。　　　　　　　　　　　　　　　　　　　　　　　⇒×

▶　定額法の場合の減価償却費は、（取得原価4,000万円－残存価額400万円）÷耐用年数（8年）＝450万円であり、平成30年度期首帳簿残高は取得原価4,000万円－平成28年度減価償却費450万円－平成29年度減価償却費450万円＝3,100万円である。定率法の場合は、平成28年度減価償却費は1,000万円（4,000万円×25％）、平成29年度減価償却費は750万円（帳簿残高3,000万円×25％）であり、平成30年度期首帳簿残高は2,250万円（4,000万円－1,000万円－750万円）となる。

4 簿記の基礎論点

9 決算整理
引当金

学習事項 引当金

このテーマの要点

貸したお金が戻ってこなかったら？

ここでは、引当金について説明します。引当金は、将来の資産の減少や費用または損失の発生に備えるために行われる会計処理です。例えば、将来、貸したお金が戻ってこないかもしれないということを決算時に見越して費用または損失を計上してしまうことがあります。これは、貸倒引当金と呼ばれます。もちろん、貸したお金が全額返ってくることもありま

〈決算時に発生する会計処理の例〉

①	売上原価の算定
②	棚卸資産の評価
③	有形固定資産の減価償却など
④	貸倒引当金の設定など
⑤	経過勘定項目

※青字の部分が今回学習する分野

すが、戻ってこないことを想定します。ただし、こうしたことは、将来に向けての話であり、不確実性を伴います。そのため、引当金は無制限に設定を容認することはできません。具体的には、4つの要件をすべて充足しなければ、引当金は設定できないことになっています。引当金の意義や設定要件などをしっかりと覚えておきましょう。

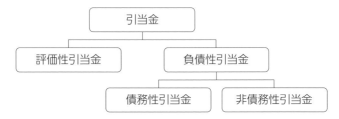

過去問 トライアル	平成20年度　第5問
	引当金
類題の状況	R05-Q6(再)　R03-Q5　R02-Q2　H23-Q2　H21-Q1

　次の文章の空欄Aに入るA群の記述と空欄Bに入るB群の用語の組み合わせとして、最も適切なものを下記の解答群から選べ。

　将来の特定の費用又は損失で、　A　場合には、当期の負担に属する金額を当期の費用又は損失として引当金に繰入れ、当該引当金の残高を貸借対照表の　B　に記載する。

【A群】
① 既に代価の支払が完了しまたは支払義務が確定し、これに対応する役務の提供を受けたにもかかわらず、その効果が将来にわたって発現するものと期待される
② その発生が当期以前の事象に起因し、発生の可能性が高く、かつ、その金額を合理的に見積ることができる

【B群】
a 資産の部
b 負債の部
c 負債の部又は資産の部

〔解答群〕
ア ①とa　　イ ①とb　　ウ ②とa　　エ ②とc

1 引当金の意義と貸倒引当金

❶ 引当金とは
　引当金とは、適正な期間損益計算を行うために設定される貸方項目です。
　（例）　期末に貸付金1億円に対して、2％の貸倒引当金を設定します。
　（借方）　貸倒引当金繰入額　200　　　（貸方）　貸倒引当金　200
　　⇒　貸付金（資産）の減少に備えて　　　　貸方項目
　　　　費用または損失として計上

❷ 貸倒れとは
　貸倒れとは、売掛金や受取手形、貸付金といった債権が、債務者の倒産などの理由により回収できなくなることをいいます。貸倒れが生じた場合、貸倒れた債権を消滅させるとともに、当該債権に「貸倒引当金」を設定していないときは当該債権

の金額を「貸倒損失」として費用に計上します。

（例）売掛金10,000円が貸倒れた。なお、当該売掛金について貸倒引当金は設定されていない。

（借方）貸倒損失	10,000	（貸方）売掛金	10,000

❸ 貸倒引当金

売掛金が貸倒れた場合、その損失は売上を上げた期ではなく、その翌期に損失を被ることになります。そこで、期末の決算整理において、将来の貸倒れの可能性に備えるために期末債権にかかる次期以降の貸倒額をあらかじめ見積もって「貸倒引当金」を設定することがあります。貸倒引当金を設定する場合、仕訳上は将来の貸倒損失の見積額として「貸倒引当金繰入額（費用）」を借方に記入し、その相手勘定として貸方に「貸倒引当金」を記入します。

【例題】
① X01期の決算において、売掛金100,000円について５％の貸倒れを見積もった。
②－１．X02期になって、売掛金2,000円が貸倒れた。
②－２．X02期になって、売掛金6,000円が貸倒れた。

①の仕訳	（借方）貸倒引当金繰入額	5,000	（貸方）貸倒引当金	5,000

この仕訳の「貸倒引当金繰入額」は費用に当たります。したがって、X01期にあらかじめ費用を5,000円だけ計上しておきます。

②－１の仕訳	（借方）貸倒引当金	2,000	（貸方）売掛金	2,000
②－２の仕訳	（借方）貸倒引当金 貸倒損失	5,000 1,000	（貸方）売掛金	6,000

②－１の仕訳では、単に貸倒引当金を2,000円だけ減額したに過ぎず、当期の費用は発生していないことが分かります。このように、貸倒引当金はX01期に発生した事象を原因とした損失をX02期に繰り越さないようにすることが目的となります。

②－２の仕訳では、貸倒引当金の5,000円以上の売掛金が貸倒れたことによって、差分の1,000円のみを当期の費用として計上しています。

④財務諸表上の表示

　財務諸表上は、科目別に控除額を記載する科目別間接控除方式を原則としますが、それ以外に、一括間接控除方式、受取手形や売掛金の金額から直接控除して表示する方式があります。

〔表示例〕

科目別間接控除方式（原則）

貸借対照表（一部）

～		
受 取 手 形	30,000	
貸倒引当金	△　900	29,100
売 　掛 　金	40,000	
貸倒引当金	△　1,200	38,800

一括間接控除方式

貸借対照表（一部）

～		
受 取 手 形	30,000	
売 　掛 　金	40,000	
貸倒引当金	△　2,100	67,900

2 引当金の設定要件（4つ）

① 将来の特定の費用または損失であること

　（補足）引当金は、特定化されていなければなりません。つまり、何かのときのために、といった理由では引当金を計上することができません。

② その発生が当期以前の事象に起因すること

　（補足）貸倒引当金の場合、将来の貸倒れをもたらす原因は、当期以前の貸付けにあると考えることができます。

③ その発生の可能性が高いこと

④ その金額を合理的に見積もることができること

3 評価性引当金

評価性引当金とは、資産の控除項目として計上される引当金を意味します。

（例）貸倒引当金

　将来、売掛金や貸付金が回収できないかもしれないので、貸倒引当金を計上します。この貸倒引当金は、売掛金や貸付金から控除します。

負債性引当金とは、負債の部に計上される引当金を意味します。

さらに負債性引当金は、債務性のあるものとないものに分類されます。

①　債務性引当金：債務性のある引当金

　　（例）製品保証引当金：将来の製品保証サービスを行うために設定されます。

　　将来の製品保証を行うことを予想して、保証に係る費用を決算時に費用として計上します。

　　将来、製品保証のために支出をすることになるかもしれないので、引当金を計上します。この製品保証引当金は、債務性があります。すなわち、保証をしなければ、消費者から怒られてしまいます（訴えられてしまいます。保証サービスは義務です）。

②　非債務性引当金：債務性のない引当金

　　（例）修繕引当金

　　5年後の建物の修繕支出のために引当金を設定します。この支出は債務性がありません。つまり、自社の建物ですから修繕しなくても構いません（修繕を施すことは義務ではありません）。

⚷ Keyword

▶　差分補充法

　決算整理前の貸倒引当金残高と次期以降の貸倒れの見積高との差額を費用計上する方法をいいます。例えば、当期の貸倒引当金を1,000円になるまで引き当てようとする場合を考えます。前期に貸倒引当金がすでに200円だけ引き当てられている場合には、その差分である、800円のみを貸倒引当金として新たに繰り入れることとなります。

☑チェック問題

　将来の特定の費用または損失であって、その発生が当期以前の事象に起因し、発生の可能性が高く、かつ、その金額を合理的に見積ることができる場合には、当期の負担に属する金額を当期の費用または損失として引当金に繰り入れる。

⇒○

▶ 代表的な引当金として、「貸倒引当金」があります。

4 簿記の基礎論点

10 決算整理
経過勘定項目

学習事項 前払費用，前受収益，未払費用，未収収益

このテーマの要点

家賃や保険料などの未払い、前払いがあったら？

ここでは、経過勘定項目について説明します。経過勘定項目とは、前払費用・前受収益・未払費用・未収収益の4つの項目があります。例えば、来年の家賃を現金で支払ってしまうことがあります。これは、現金の支出自体はあっても、当期の家賃にはなりません。そのため、前払家賃として資産計上します。すなわち、来年の家賃を先に支払ってしまったので、来年は当該建物を利用する権利を取得します。この権利を表すものが、前払費用（前払家賃）です。また、前払家賃を計上する場合、同時に当期の支払家賃もその分だけ減額させます。

こうした経過勘定項目については、その定義などを中心に覚えておいてください。

〈決算時に発生する会計処理の例〉

①	売上原価の算定
②	棚卸資産の評価
③	有形固定資産の減価償却など
④	貸倒引当金の設定など
⑤	経過勘定項目

※青字の部分が今回学習する分野

過去問 トライアル	平成29年度　第2問
	決算処理
類題の状況	H22-Q3　H21-Q1　H19-Q3

　20X2年1月1日に300,000千円を期間6ヵ月、年利5％で取引先Z社に貸し付けた。20X2年6月30日に利息と元金を合わせて受け取る予定である。会計期間は20X2年3月31日までの1年間である。決算にあたり計上される未収利息の金額として、最も適切なものはどれか。

ア　3,750千円

イ　7,500千円

ウ　15,000千円

エ　30,000千円

1　前払費用の意義（不動産を借りている会社の立場）

　前払費用とは、「一定の契約に従い、継続して役務の提供を受ける場合、いまだ提供されていない役務に対し支払われた対価」のことをいいます。

　（例）　事務所の家賃：10万円／月　半年間の前払契約（支払日：6月と12月の末日）

　4月から6月までの3ヶ月間は事務所として使用できる権利を取得したので、資産の増加として前払家賃を計上します。

　この4月から6月までの3ヶ月分の賃料は、来期の費用として計上すべきです。

　取引を仕訳で表すと、次のようになります。

12/31における仕訳	（借方）支払家賃　600,000	（貸方）現金　　　600,000
3/31における仕訳	（借方）前払家賃　300,000	（貸方）支払家賃　300,000

　支払家賃という勘定科目は費用項目であり、前払家賃という勘定科目は資産項目です。3/31の時点で、一度費用として計上した60万円の家賃のうち、30万円を資産計上することによって、当期の費用を30万円だけ減額していることが分かります。

2 　前受収益の意義（不動産会社の立場）

前受収益とは、「一定の契約に従い、継続して役務の提供を行う場合、いまだ提供していない役務に対し支払いを受けた対価」のことをいいます。

（例）　事務所の家賃：10万円／月　半年間の前払契約（支払日：6月と12月の末日）

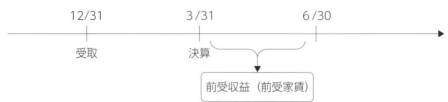

4月から6月までの3ヶ月分は先に賃料を受け取ってしまったので、事務所として使用させる義務が発生し、負債の増加として前受家賃を計上します。

この4月から6月までの3ヶ月分の賃料は、来期の収益として計上すべきです。

取引を仕訳で表すと、次のようになります。

12/31における仕訳	（借方）現金	600,000	（貸方）受取家賃	600,000
3/31における仕訳	（借方）受取家賃	300,000	（貸方）前受家賃	300,000

受取家賃という勘定科目は収益項目であり、前受家賃という勘定科目は負債項目です。3/31の時点で、一度収益として計上した60万円の家賃のうち、30万円を負債計上することによって、当期の収益を30万円だけ減額していることが分かります。

3 　未払費用の意義（不動産を借りている会社の立場）

未払費用とは、「一定の契約に従い、継続して役務の提供を受ける場合、すでに提供された役務に対して、いまだその対価の支払いが終わらないもの」のことをいいます。

（例）　事務所の家賃：10万円／月　半年間の後払契約（支払日：6月と12月の末日）

　1月から3月までの3ヶ月分は賃料を支払っていませんが、事務所としてすでに使用しているので、来期は必ず賃料を支払わなければならない義務を負うため未払費用（負債）を計上します。

　この1月から3月までの3ヶ月分の賃料は、当期の費用として計上すべきです。

　取引を仕訳で表すと、次のようになります。

3/31における仕訳　　（借方）支払家賃　300,000　（貸方）未払家賃　300,000

　1月〜3月までの家賃を支払家賃として費用計上し、30万円を未払家賃として負債計上します。

4　未収収益の意義（不動産会社の立場）

　未収収益とは、「一定の契約に従い、継続して役務の提供を行う場合、すでに提供した役務に対して、いまだその対価の支払いを受けていないもの」のことをいいます。

（例）事務所の家賃：10万円／月　半年間の後払契約（支払日：6月と12月の末日）

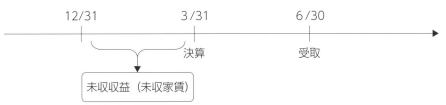

　1月から3月までの3ヶ月間は事務所として使用させていますが、いまだ賃料を受け取っていないので、来期に受け取ることができる権利を取得したため、未収収益（資産）を計上します。

　この1月から3月までの3ヶ月分の賃料は、当期の収益として計上すべきです。

　取引を仕訳で表すと、次のようになります。

3/31における仕訳　　（借方）未収家賃　300,000　（貸方）受取家賃　300,000

　1月〜3月までの家賃を受取家賃として収益計上し、30万円を未収家賃として資産計上します。

4

簿記の基礎論点

（過去問トライアルの解説）

過去問 トライアル解答　▶　ア

☑チェック問題

　一定の契約に従い、継続して役務の提供を行う場合、いまだ提供していない役務に対して支払いを受けた対価は、当期の損益計算から除去するとともに、貸借対照表の負債の部に計上しなければならない。　　　　　　　　　　⇒○

▶　経過勘定項目のうち、「前受収益」についての記述である。経過勘定項目とは、時間の経過に伴って収益・費用として認識される項目であり、費用・収益の見越し・繰延べに関する項目である。経過勘定項目は、前払費用（資産）、前受収益（負債）、未払費用（負債）、未収収益（資産）の４項目である。

MEMO

決算整理
有形固定資産および有価証券の売却

学 習 事 項 固定資産売却損益，有価証券売却損益

このテーマの要点

建物や株式は簿価で売れるとは限らない！

企業は、最新の設備を導入するために、古い設備（有形固定資産）を売却することや、本業とは別に有価証券（株式など）を売買することがあります。このような資産は、常に簿記上の価額で売却できるとは限らず、簿価よりも高額で売れることもあれば、低額で売却せざるを得ない場合もあります。

〈有価証券売却のイメージ〉

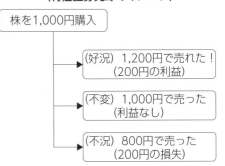

本テーマでは、そういった有形固定資産の売却と有価証券の売却時の処理について学習します。

過去問 トライアル	平成30年度　第2問
	固定資産の売却損益
類題の状況	R04-Q11　R02-Q03　H29-Q7

20X1年1月1日に購入した建物（取得原価800,000千円、耐用年数20年、残存価額ゼロ）を20X2年6月30日に725,000千円で売却した。ただし、決算日は12月31日（年1回）であり、定額法により減価償却している。売却にあたり計上される固定資産売却損益の金額として、最も適切なものはどれか。

ア 固定資産売却益： 5,000千円

イ 固定資産売却損：15,000千円

ウ 固定資産売却損：35,000千円

エ 固定資産売却損：75,000千円

1 有価証券の取得と売却

次の例題を考えてみます。

【例題】
① A社株式を1株10,000円で1株購入し、手数料1,000円とあわせて現金で支払った。
② - 1 ①で取得したA社株式を9,000円で売却し、代金は現金で受け取った。
② - 2 ①で取得したA社株式を15,000円で売却し、代金は現金で受け取った。

①では、有価証券を購入しましたので、次のような仕訳を行います。

①の仕訳　　（借方）売買目的有価証券　11,000　　（貸方）現 金　11,000

② - 1 では、取得に11,000円かかった株式を9,000円で売却しているため、2,000円の損失が発生しています。一方、② - 2 では、15,000円で売却できているため、4,000円の収益が発生しています。

仕訳はそれぞれ次のようになります。

② - 1 の仕訳　　（借方）現 金　　　　　　9,000（貸方）売買目的有価証券 11,000
　　　　　　　　　有価証券売却損 2,000

② - 2 の仕訳　　（借方）現 金　　　　　15,000（貸方）売買目的有価証券 11,000
　　　　　　　　　　　　　　　　　　　　　　　　　有価証券売却益　　4,000

有価証券売却益は営業外収益に、有価証券売却損は営業外費用にそれぞれ計上されます。

2 有形固定資産の取得と売却

次の例題を考えてみます。

【例題】
① 当期首（×1年4月1日）、車両を200,000円で現金払いにて取得し、直ちに事業の用に供した。当該車両は定額法（耐用年数5年、残存価額は0円）で償却するものとする。
② ×2年3月31日、決算日につき決算整理を行う。
③ ②の車両を×2年4月1日に130,000円で売却し、代金は現金で受け取った。

①では、車両を取得します。仕訳は次のようになります。

①の仕訳　　（借方）車 両　　200,000（貸方）現 金　　　　　200,000

②では、決算時に減価償却費の計上を行います。減価償却費は、200,000÷5＝40,000円ですので、直接法および間接法では次のように表せます。

4

簿記の基礎論点

〈直接法〉

②の仕訳　| （借方）車両減価償却費40,000 （貸方）車 両　40,000 |

〈間接法〉

②の仕訳　| （借方）車両減価償却費 40,000 （貸方）車両減価償却累計額 40,000 |

③では、帳簿上160,000円の車両を130,000円でしか売却できないことが分かります。そのため、差額の30,000円については売却時に被る損失して仕訳を行うことになります。

〈直接法〉

③の仕訳
| （借方）現　金　130,000 （貸方）車 両　160,000 |
| 　　　　車両売却損　30,000 |

〈間接法〉

③の仕訳
| （借方）現　金　130,000 （貸方）車 両　200,000 |
| 　　　　車両減価償却累計額　40,000 |
| 　　　　車両売却損　30,000 |

固定資産売却益は特別利益に、固定資産売却損は特別損失に、それぞれ計上されます。したがって、車両売却損は特別損失に計上します。

（過去問トライアルの解説）

取引の流れと各年の減価償却費を時系列的に示すと次の通りである。

(1) 20X1年1月1日〜12月31日の減価償却費
取得原価800,000千円÷20年＝40,000千円

(2) 20X2年1月1日〜6月30日の減価償却費
取得原価800,000千円÷20年÷2＝20,000千円
期中売却であるため、売却するまでの半年分の減価償却費を計上する。
40,000千円＋20,000千円＝60,000千円が売却までの減価償却累計額である。

(3) 固定資産売却損益の計算

固定資産売却損益＝売却価額－帳簿価額

帳簿価額＝取得原価－減価償却累計額

売却価額725,000千円－（取得原価800,000千円－60,000千円）＝△15,000千円

売却価額が帳簿価額を下回るため、固定資産売却損15,000千円が計上される。

よって、イが正解である。

過去問 トライアル解答　 **イ**

☑チェック問題

当社は、A社株式（帳簿価額500万円）を800万円で売却し、B社株式（帳簿価額1,000万円）を900万円で売却した。このとき、A社株式の売却によって有価証券売却損300万円、B社株式の売却によって有価証券売却益100万円が発生した。　　　　　　　　　　　　　　　　　　　　　　　　　　⇒×

▶ 　A社株式の売却によって有価証券売却益300万円（＝売却価額800万円－帳簿価額500万円）、B社株式の売却によって有価証券売却損100万円（＝帳簿価額1,000万円－売却価額900万円）が発生した。

4
簿記の基礎論点

12 財務諸表等 精算表

学習事項　精算表の仕組み

このテーマの要点

決算整理をしたら一度計算を確認してみよう！

企業が取引を行うと仕訳を行い、元帳へ転記し、財務諸表を作成します。このとき、決算整理を行った段階で、一度精算表という表を作成することがあります。これは、決算整理を行い直ちに財務諸表を作成してしまうと様々なミスが生じるかもしれないので、一度計算などのミスがないかどうかを確認するために作成されます。

精算表は、一見複雑そうに見えると思いますが、仕組みを理解してしまえばそうでもありません。頑張って理解しましょう。

〈財務諸表が出来上がるまで〉

過去問トライアル	平成19年度　第2問
	精算表
類題の状況	－

次の精算表に基づき、下記の設問に答えよ。

精　算　表　　　　　　　　　　（単位：千円）

	残高試算表		修 正 記 入		損益計算書		貸借対照表	
	借　方	貸　方	借方	貸方	借方	貸方	借　方	貸　方
現　　金	（　）						130	
当座預金	828						（　）	
売 掛 金	（　）						360	
繰越商品	A		（　）	（　）			198	
貸 付 金	（　）						270	
備　　品	300						（　）	
買 掛 金		（　）						355
貸倒引当金		5		（　）				（　）
減価償却累計額		90		（　）				（　）
資 本 金		（　）						1,500
売　　上		1,440				（　）		
受 取 利 息		B		（　）		C		
仕　　入	1,152		（　）	（　）	（　）			
給　　料	（　）				100			
支 払 家 賃	（　）		（　）		（　）			
保 険 料	18			（　）	9			
	3,400	3,400						
貸倒引当金繰入			13		（　）			
減価償却費			45		（　）			
前払保険料			（　）				（　）	
未 払 家 賃				12				（　）
未 収 利 息			5				（　）	
当期（　）					D	E	F	G
	（　）	（　）	（　）	（　）	2,100	2,100		

（設問1）

　売上総利益が280千円であるとき、空欄Aに入る金額として最も最適なものはどれか（単位：千円）。

ア　186　　　　イ　190　　　　ウ　206　　　　エ　210

（設問2）

空欄BとCに入る最も適切な金額の組み合わせはどれか（単位：千円）。

ア B：10 C：5 **イ** B：10 C：15 **ウ** B：20 C：15

エ B：20 C：25

（設問3）

空欄D～Gのうち、金額が入る箇所として最も適切な組み合わせはどれか。

ア DとF **イ** DとG **ウ** EとF **エ** EとG

1 精算表とは

精算表とは、決算整理前試算表の金額に決算整理による修正を加えて、貸借対照表・損益計算書を作成するまでの流れを表形式にまとめたものです。ここでは代表的な8桁精算表の形式について、具体的な設例を使って見ていきます。

2 決算整理前残高試算表と決算整理仕訳（設例）

以下の決算整理前残高試算表と決算整理仕訳を、精算表の説明に使用します。

〔資料Ⅰ〕決算整理前残高試算表　（単位：千円）

現金	2,700	買掛金	3,200
売掛金	3,500	貸倒引当金	50
繰越商品	2,800	減価償却累計額	2,700
備品	12,000	借入金	5,000
仕入	12,800	資本金	5,300
給料	1,200	繰越利益剰余金	2,325
支払家賃	1,500	売上	18,000
支払利息	75		
	36,575		36,575

〈決算整理仕訳〉（単位：千円）※資料Ⅱより

（借）仕入	2,800	（貸）繰越商品	2,800
（借）繰越商品	3,000	（貸）仕　入	3,000
（借）棚卸減耗費	*¹150	（貸）繰越商品	150
（借）貸倒引当金繰入額	*²90	（貸）貸倒引当金	90
（借）減価償却費	1,350	（貸）減価償却累計額	1,350
（借）前払家賃	500	（貸）支払家賃	500
（借）支払利息	75	（貸）未払利息	75

＊1 帳簿棚卸高3,000千円−実地棚卸高2,850千円＝150千円
＊2 期末貸倒引当金設定額140千円−決算整理前残高試算表「貸倒引当金」50千円＝90千円

〔資料Ⅱ〕決算整理事項

1. 期末における商品の帳簿棚卸高は3,000千円、実地棚卸高は2,850千円である。両者の差額は棚卸減耗が原因である。

2. 売上債権の残高に対して貸倒引当金140千円を差額補充法により設定した、決算整理前の貸倒引当金50千円との差額90千円を計上する。

3. 備品について、減価償却費1,350千円を計上する。

4. 計上されている支払家賃のうち、500千円は次期に属する費用として繰り延べる。

5. 支払利息75千円を見越計上する。

3 精算表の作成方法

上記の設例について作成した精算表を、以下に示します。

勘定科目	残高試算表 借方	残高試算表 貸方	修正記入 借方	修正記入 貸方	損益計算書 借方	損益計算書 貸方	貸借対照表 借方	貸借対照表 貸方
現　　　　　金	2,700						2,700	
売　　掛　　金	3,500						3,500	
繰　越　商　品	2,800		3,000	2,950			2,850	
備　　　　　品	12,000						12,000	
買　　掛　　金		3,200						3,200
貸　倒　引　当　金		50		90				140
減価償却累計額		2,700		1,350				4,050
借　　入　　金		5,000						5,000
資　　本　　金		5,300						5,300
繰越利益剰余金		2,325						2,325
売　　　　　上		18,000				18,000		
仕　　　　　入	12,800		2,800	3,000	12,600			
給　　　　　料	1,200				1,200			
支　払　家　賃	1,500			500	1,000			
支　払　利　息	75		75		150			
	36,575	36,575						
棚　卸　減　耗　費			150		150			
貸倒引当金繰入額			90		90			
減　価　償　却　費			1,350		1,350			
前　払　家　賃			500				500	
未　払　利　息				75				75
当　期　純　利　益					(1,460)			(1,460)
			7,965	7,965	18,000	18,000	21,550	21,550

決算整理仕訳でのみ計上される項目

「損益計算書」欄で算定した当期純利益の金額を「貸借対照表」欄の貸方に書き写します。
当期純損失が計上される場合は、その金額を「貸借対照表」欄の借方に書き写します。

● OnePoint 精算表の作成手順

①まず初めに、残高試算表の金額を精算表の「残高試算表」欄に書き写します。
　（ただし、本試験の問題は、ここまでは記載されているはずです。）
②仕訳帳に行った決算整理仕訳の内容を「修正記入」欄に書き写します。
③「残高試算表」欄の金額に「修正記入」欄への記入内容を反映させて、「損益計算書」欄と「貸借対照表」欄に金額を書き入れます。

4
簿記の基礎論点

☑チェック問題

　精算表（単位：千円）において、残高試算表における繰越商品（借方）が20で仕入（借方）が650、貸借対照表における繰越商品（借方）が10とすると、損益計算書の仕入（借方）に表される売上原価は640となる。　⇒×

▶　残高試算表における繰越商品（借方）20は「期首繰越商品」、残高試算表における仕入（借方）650は「当期仕入高」、貸借対照表における繰越商品（借方）10は「期末繰越商品」を表す。したがって、期首繰越商品20＋当期仕入高650－期末繰越商品10＝売上原価660　となる。

第 **5** 分野

簿記の応用論点

簿記の応用論点

1 各テーマの関連

簿記の応用論点	期中取引	5-1 本支店会計
	財務諸表等	5-2 繰延資産
		5-3 商品有高帳（先入先出法、総平均法）
		5-4 純資産（株主資本等）の変動
	企業結合	5-5 のれんの意義と計算
		5-6 連結財務諸表の意義
		5-7 投資と資本の相殺消去

　本分野では、簿記の応用的な論点のうち、本試験での出題可能性が比較的高い部分を学習します。具体的には、特殊な会計処理方法である「本支店会計」、「繰延資産」などを学習します。

　また、「純資産（株主資本等）の変動」ではもう１つの財務諸表である「株主資本等変動計算書」を学習します。

2 出題傾向の分析と対策

❶出題傾向

#	テーマ	H26	H27	H28	H29	H30	R01	R02	R03	R04	R05
5-1	本支店会計	1	1			1			1		
5-2	繰延資産										
5-3	商品有高帳（先入先出法、総平均法）						1				
5-4	純資産（株主資本等）の変動			1	1			1		1	1
5-5	のれんの意義と計算			1				1	1	1	1
5-6	連結財務諸表の意義										1
5-7	投資と資本の相殺消去			1		1					

❷対策

　この分野においては、他の分野より少し難しいテーマも多くなっています。本試験の出題も他の分野に比べ少ないため、初めて学習される方は会計処理の大体のイメージをつかんでおくくらいでも最初はOKです。他の分野の学習を優先して、この分野は後回しにしてしまっても構いません。

期中取引
本支店会計

学 習 事 項 本支店会計，内部利益，振替損益

このテーマの要点

複数の店舗がある場合の会計処理を理解しよう！

会社の規模が大きくなると、支店を設けて、複数の事業所で事業を行うことになる場合があります。このような本店と支店がある活動形態で適用される会計制度を本支店会計といいます。

本支店会計を伴う簿記では、単独の事業所のみで行う取引と比べ、大

〈本支店の債権・債務状況〉

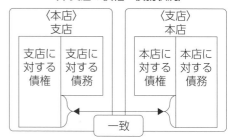

きく異なる会計処理があります。それが本支店取引です。本店から支店に対して商品を送るような場合に、ある一定の利益をつける場合があります。このような取引は、支店、本店という切り口では債権・債務が発生するものの、会社の外から見ると何ら取引が行われていないように見えます。

本テーマでは、このような場合の会計処理について理解を深めます。

過去問 トライアル	平成20年度　第1問
	本支店会計
類題の状況	R03-Q2　H30-Q3　H27-Q2　H26-Q4

次の資料に基づいて、支店独立会計制度における未達事項整理後の支店勘定残高の計算式として、最も適切なものを下記の解答群から選べ（単位：円）。

未達事項整理前の支店勘定残高　　　202,000円（借方）

未達事項

(1)　本店から支店へ発送した商品98,000円

(2)　支店から本店への60,000円の送金

(3)　支店の売掛金162,000円の本店による回収

(4)　本店の販売費21,000円の支店による立替え払い

〔解答群〕

ア　202,000－162,000＋60,000　　　イ　202,000－98,000＋162,000

ウ　202,000−60,000−21,000　　エ　202,000＋21,000＋98,000

1　本支店会計の基本

❶ 本支店会計とは

　本支店会計とは、会社が複数の店舗（本店および支店）を設けた場合に適用する会計制度のことをいいます。

❷ 本店と支店の取引

　本店で商品を一括で仕入れ、その商品を支店に販売するといったように、本店と支店とで取引を行う場合があります。このような取引については、本店と支店との取引であることが分かるように、本店には支店勘定、支店には本店勘定が設定されます。

　本店における支店勘定と、支店における本店勘定の大きさは常に一致し、貸借が逆となります。

【例題】
　①本店は支店に現金1,000円を送付し、支店はこれを受け取った。
　②支店は本店に現金500円を送付し、本店はこれを受け取った。

（本店側の仕訳）

| ①の仕訳 | （借方）支店 | 1,000 | （貸方）現金 | 1,000 |
| ②の仕訳 | （借方）現金 | 500 | （貸方）支店 | 500 |

（支店側の仕訳）

| ①の仕訳 | （借方）現金 | 1,000 | （貸方）本店 | 1,000 |
| ②の仕訳 | （借方）本店 | 500 | （貸方）現金 | 500 |

このとき、本店の支店勘定と支店の本店勘定は次のようになります。

【5 - 1 - 1　本支店の勘定科目】

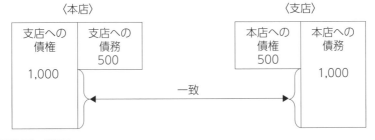

❸ 未達取引の整理

　例えば、本店が支店に対し現金を送付した場合に、本店では仕訳を記帳するものの、支店では現金の送付に気づかず、仕訳を行っていない場合があります。このような場合、支店で現金の送付を受けたことを認識し、仕訳を行う必要があります。

このような取引を未達取引といい、仕訳を行うことを未達取引の整理といいます。

2　本支店会計における内部利益の除去

内部利益とは、本支店間取引などによって生じた利益のことをいいます。
（例）本店は、外部から100円で仕入れたものを支店に110円で販売した。

【5-1-2　本支店間取引の例】

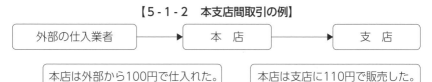

このときの内部利益は110円－100円＝10円となりますが、この10円は、外部との取引によって生じたものではありません。このような利益は、未実現利益であるため、損益計算書から除去します。

本店・支店の取引のことを内部取引ということもあります。

> 内部利益と振替損益の違い
> ・内部利益：本店と支店、a事業部とb事業部との取引によって生じた利益
> ・振替損益：a工程とb工程の取引によって生じた利益

本店や支店、a事業部やb事業部などの関係ではそれぞれが独立した会計単位となっています。

それに対し、各工程は、独立した会計単位となっていません。

（除去方法）

> 【例題】
> 本店から支店に商品を発送する際に10%の利益を付加する。
> 支店は本店からのみ商品を受け入れている。

このケースにおいて、本店および支店の商品が次のようになっていたとします。

（本店）　　　　　　　　　（支店）

期首商品	500	期首商品	110
仕入	1,000	本店から仕入	550
期末商品	300	期末商品	330

（本支店合併時の商品）

　　期首商品＝　500（本店分）＋<u>100</u>（支店分）＝600
　　　　　　　　　　　　　（＝110÷1.1）

　　仕入　＝1,000（本店分）
　　期末商品＝　300（本店分）＋<u>300</u>（支店分）＝600
　　　　　　　　　　　　　（＝330÷1.1）

（過去問トライアルの解説）

本問は、難しいのでできなくても結構ですが、一応、下記で説明します。

未達事項を仕訳すると、以下の通りです。

(1)の取引は、本店が行った業務ですから、本店は商品を発送したことを把握しています。そのため、支店での会計処理を行う必要があります。

支店で行う仕訳 | （借方）本店より仕入　98,000　（貸方）本店　　98,000

(2)の取引は、支店が行った業務ですから、支店は商品を発送したことを把握しています。そのため、本店での会計処理を行う必要があります。

本店で行う仕訳 | （借方）未達現金　　60,000　（貸方）支店　　60,000

(3)の取引は、本店が行った業務ですから、本店は売掛金を回収したことを把握しています。そのため、支店での会計処理を行う必要があります。

支店で行う仕訳 | （借方）本店　　　162,000　（貸方）売掛金　162,000

(4)の取引は、支店で行った業務ですから、支店は立替え払いしたことを把握しています。そのため、本店での会計処理を行う必要があります。

本店で行う仕訳 | （借方）販売費　　21,000　（貸方）支店　　21,000

以上より、支店勘定は、202,000−60,000−21,000です。

過去問 トライアル解答　**ウ**

☑チェック問題

支店独立会計制度において、未達事項整理前の支店勘定残高が202,000円（借方）、未達事項が(1)本店から支店へ発送した商品98,000円、(2)本店から支店への60,000円の送金、(3)支店の売掛金162,000円の本店による回収、(4)本店の販売費21,000円の支店による立替え払い　であるとき、未達事項整理後の支店勘定残高の計算式は、（202,000円−98,000円+60,000円+162,000円）である。

⇒×

▶ ある取引が支店側の「本店勘定」では記帳されているのに本店側の「支店勘定」では記帳されていない場合、本店側の未達事項となるので整理が必要となる。そのような可能性があるのは(4)であるので、未達事項整理後の支店勘定残高の計算式は、（202,000円−21,000円）となる。なお、(1)〜(3)は支店側の未達事項である。

5

簿記の応用論点

第5分野　簿記の応用論点

2　財務諸表等　繰延資産

学 習 事 項　繰延資産の意義

このテーマの要点

　開業費はいったん資産に計上することができる。

　開業費（会社を設立したあと、営業を開始するまでにかかる費用）について想像してみてください。開業費は賃借料や通信費などですが、これらには多くのお金がかかってしまいます。この費用はその年のための経費ではなく、企業が長期間にわたって事業を進めるためにかかる費用です。このような費用は、その年の期だけで費用計上することは妥当だとは思えませんよね？

　ここでは、繰延資産について説明します。繰延資

・株式交付費
・社債発行費等
・創立費
・開業費
・開発費

産は、本来費用であるものを経過的に（一時的に）資産として計上するものです。先ほど例を挙げた開業費などは、いったん資産として計上し、決算時に償却して費用化することもできます。こうした会計処理は無制限に容認するわけにはいきませんので、現在では5つの項目に限定されます。この繰延資産の意義や項目を覚えましょう。

過去問トライアル	平成20年度　第3問
	繰延資産
類題の状況	－

　次のa～dのうち、繰延資産に計上することが認められるものとして最も適切なものの組み合わせを下記の解答群から選べ。

　a　株式交付費
　b　研究開発費
　c　社債発行差金
　d　創立費

〔解答群〕

ア aとb　**イ** aとd　**ウ** bとc　**エ** cとd

1 繰延資産の意義

　繰延資産とは、支出があった期に全額を費用としないで、翌年以降に繰り延べることが認められた費用のことをいいます。

　この繰延資産の特徴は、下記の通りです。

・すでに代価の支払いが完了している。

・役務の提供を受けている。

・支出の効果が数期間にわたる。

　こうした特徴を有する費用を当期の費用ではなく、資産としていったん計上したものを繰延資産といいます。

　（例）　開業費1,000万円

　開業費　……開業費は、会社の成立後営業開始時までに支出した開業準備のための費用です。開業準備の期間に支払った固定資産の賃借料や広告宣伝費、保険料、使用人の給料などがこれに当たります。

　開業費は次のような特徴があります。

・代金は支払っている。

・建物は使用している（役務の提供は受けている）。

・支出の効果が開業後の数期間にわたる。

　そのため、繰延資産の要件を満たすため、繰延資産に該当します。

【5-2-1　開業費のイメージ】

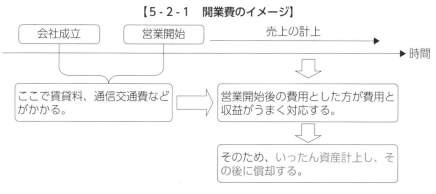

　このような支出は、支出した年度だけの費用とすべきではなく、いったん資産計上した上で、償却し費用化することになります。

　現行の会計制度では、繰延資産として計上することが認められている項目は以下の５つに限定されています。また、償却期間についても決められています。

繰延資産	償却期間
創立費	5年以内に定額法により償却する
開業費	5年以内に定額法により償却する
株式交付費	3年以内に定額法により償却する
社債発行費等	社債の償還期間内に利息法または定額法により償却する
開発費	5年以内に定額法により償却する

✒ Keyword

▶　創立費

　法人を設立するためにかかった費用のことをいいます。具体的には、定款を作成する費用や、株式を募集するためにかかった広告費などが該当します。

▶　開業費

　法人設立後から営業を開始するまでの間にかかった費用のことをいいます。具体的には、土地や建物の賃借料、通信交通費、給料などが該当します。

▶　株式交付費（新株発行費）

　新株の発行または自己株式の処分について直接支出した費用のことをいいます。具体的には株式募集のための広告費、銀行などの金融機関の取扱手数料、証券会社の取扱手数料、株券の印刷費用等がこれに当たります。

▶　社債発行費等

　社債の発行または新株予約権の発行について直接支出した費用のことをいいます。

▶　開発費

　新技術または新経営組織の採用、資源の開発、市場の開拓等のために支出した費用、生産能率の向上または生産計画の変更等により設備の大規模な配置替えを行った場合等の費用がこれに当たります。

● OnePoint　繰延資産の償却について

　残存価額はゼロとして償却します。「○○費」と3文字のものは5年で償却すると覚えましょう。償却については、決算整理：前述のテーマ「4-8　減価償却」で触れました。

● OnePoint 研究開発費と開発費

　研究開発費は、新しい知識の発見を目的とした調査・探求にかかる費用です。
開発費は、研究・探求の成果の知識の具体化にかかる費用です。

　研究開発費は、繰延資産に計上することはできず、発生時にすべて費用として
処理します。

過去問 トライアル解答

☑チェック問題

　繰延資産に計上することが認められているものとして、「株式交付費」、「創立
費」などがある。　　　　　　　　　　　　　　　　　　　　　　　　　⇒○

▶　将来の期間に影響する特定の費用として、「株式交付費」、「社債発行費等」、
「創立費」、「開業費」、および「開発費」の5項目に限り、経過的に貸借対照表
に「繰延資産」として計上することができる。

5
簿記の応用論点

財務諸表等

商品有高帳（先入先出法、総平均法）

学 習 事 項　商品有高帳，先入先出法，総平均法，移動平均法

このテーマの要点

商品の原価算出方法は複数ある

商品有高帳とは、商品について品目ごとに、受入・払出および残高を記録する帳簿のことで、一種の補助簿です。商品有高帳に記録することで、仕訳帳や総勘定元帳への記入だけでは得られない在庫管理に関する情報を手に入れることができます。また、商品有高帳に記録されている情報は、決算整理において「売上原価」および「繰越商品」の金額を求める際にも利用できます。仕入値が変動する商品において売上原価を把握するには、

〈財務諸表が出来上がるまで〉

在庫や仕入値などを把握することが重要になります。商品有高帳を用いることで、在庫や仕入値などの推移が把握でき、原価算出に役立ちます。今テーマでは商品有高帳と、売上原価の計算方法について学習します。

過去問 トライアル	平成22年度　第4問
	先入先出法による売上原価の計算
類題の状況	R01-Q1　H24-Q2　H20-Q2

　次の商品有高帳（単位：円）に基づき、A品の先入先出法による月間の売上原価と次月繰越高として、最も適切なものの組み合わせを下記の解答群から選べ。

商 品 有 高 帳

先入先出法　　　　　　　　　　　　　品名　A品

月	日	摘　　要	受　入			払　出			残　高		
			数量	単価	金　額	数量	単価	金　額	数量	単価	金　額
7	1	前 月 繰 越	20	600	12,000				20	600	12,000
	7	仕　　　入	70	600	42,000				90	600	54,000
	13	売　　　上				50	600	30,000	40	600	24,000
	19	仕　　　入	55	640	35,200						
	20	仕 入 戻 し	5	640	3,200						
	25	売　　　上				40					
	29	売　　　上				20					
	31	次 月 繰 越									

〔解答群〕

ア　売上原価：63,600円　　　次月繰越高：19,200円

イ　売上原価：63,600円　　　次月繰越高：22,400円

ウ　売上原価：66,800円　　　次月繰越高：16,000円

エ　売上原価：66,800円　　　次月繰越高：19,200円

オ　売上原価：70,000円　　　次月繰越高：16,000円

商品有高帳の形式は次のようになっています。

【5-3-1　商品有高帳の形式】

日付		摘要	受入高			払出高			残高		
			数量	単価	金額	数量	単価	金額	数量	単価	金額
4	1	前期繰越	10	1,000	10,000				10	1,000	10,000
7	1	仕入	100	1,000	100,000				110	1,000	110,000
10	1	売上				90	1,000	90,000	20	1,000	20,000
3	31	小計				90		90,000			
3	31	次期繰越				20	1,000	20,000			
			110		110,000	110		110,000			
4	1	前期繰越	20	1,000	20,000				20	1,000	20,000

　「摘要」には、取引の内容を記入します。「前期繰越」の金額は期首商品棚卸高と等しくなり、「次期繰越」の金額は、原則としては期末商品棚卸高となり、受入高合計から次期繰越高を控除した金額が当期の売上原価となります。

● OnePoint　商品有高帳

1. この商品有高帳の前提条件は次の通りです。
   ①　当期首（×1年4月1日）時点で、前期からの繰越商品が10,000円ある。なお、繰越商品の単価は1,000円、数量は10個である。
   ②　×1年7月1日、仕入先から商品100個を1個あたり1,000円で仕入れた。
   ③　×1年10月1日、上記商品90個を1個あたり1,500円で売り上げた。
   ④　期末において決算整理を行う。
2. 払出額に記入される金額は取得原価です。販売額でないことに注意しましょう。

2 払出単価の計算

商品の払出単価の計算方法には、先入先出法と平均法（総平均法と移動平均法）があります。
それぞれの特徴は次の通りです。

先入先出法	先入先出法とは、最も古く取得されたものから順次払出が行われ、期末棚卸品は、より新しく取得したものから構成されると仮定して払出単価を計算する方法をいいます。
総平均法	総平均法とは、一定期間の取得原価合計を総数量で除すことによって算定した平均原価を払出単価とする方法をいいます。
移動平均法	移動平均法とは、仕入の都度その時点で平均原価を算定し、それに基づいて払出高を計算する方法をいいます。

実際に次の設問を例に払出単価の計算方法を考えます。

【設問】
① 当期首（×1年4月1日）の時点で、前期からの繰越商品が5個ある。なお、この繰越商品の単価は10円である。
② ×1年7月1日、当社は仕入先から商品10個を1個あたり16円で仕入れた。
③ ×1年9月30日、当社は得意先に対して商品10個を売り上げた。
④ ×1年12月1日、当社は仕入先から商品5個を1個あたり18円で仕入れた。

【先入先出法の場合】

【5-3-2 先入先出法の場合の商品有高帳の記帳方法（一部）】

	日付		摘要	受入高			払出高			残高		
				数量	単価	金額	数量	単価	金額	数量	単価	金額
①	4	1	前期繰越	5	10	50	※①			5	10	50
②	7	1	仕入	10	16	160				5	10	50
										10	16	160
③	9	30	売上			※②	5	10	50			
							5	16	80	5	16	80
④	12	1	仕入	5	18	90				※③		

※① 商品を仕入れると、同じ商品でもあくまで別々に記帳します。
※② 払出は先に仕入れた商品から順番に行われます。
　　→ここでは、売上原価は10個130円（5個×@10円＋5個×@16円）となります。
※③ 残りは後に仕入れた5個@16円となります。

【総平均法の場合】

【5-3-3　総平均法の場合の商品有高帳の記帳方法（一部）】

日付		摘要	受入高			払出高			残高		
			数量	単価	金額	数量	単価	金額	数量	単価	金額
4	1	前期繰越	5	10	50				5		※①
7	1	仕入	10	16	160	※②			15		
9	30	売上				10			5		
12	1	仕入	5	18	90				10		
3	31	小計				10	15	150	※③		
3	31	次期繰越				10	15	150			

※①　商品を仕入れた時点では単価は分からないため記入しません。

※②　払出においても、この時点では単価は分からないため記入しません。

※③　締めの時点ですべての商品の平均単価を出します。その平均単価をもとに、
　　　払出金額が計算されます。

（商品の平均単価）＝（商品金額の合計）÷（商品の合計数量）
**　　　　　　　　　＝（50＋160＋90）÷20＝@15円**

【移動平均法の場合】

【5-3-4　移動平均法の場合の商品有高帳の記帳方法（一部）】

日付		摘要	受入高			払出高			残高		
			数量	単価	金額	数量	単価	金額	数量	単価	金額
4	1	前期繰越	5	10	50				※①	10	50
7	1	仕入	10	16	160	※②			15	14	210
9	30	売上				10	14	140	5	14	70
12	1	仕入	5	18	90				10	16	160
									※③		

※①　商品を仕入れた時点で、保持している商品の平均単価を算出します。

（商品の平均単価）
**　＝（（前期繰越の金額）＋（仕入金額））÷（（前期繰越の数量）＋（仕入数量））**
**　＝（50＋160）÷（5＋10）＝@14円**

※②　①で算出した平均単価を使用して売上原価を算定します。

※③　残った商品と新規に仕入れた商品で平均値を求めることで、再度売上原価
　　　を算出します。

（商品の平均単価）

　＝（（残っている商品の金額）＋（新規仕入金額））÷

　　　　　　　　　（（残っている商品の数量）＋（新規仕入数量））

　＝（70＋90）÷（5＋5）＝@16円

（過去問トライアルの解説）

仕入

期首商品棚卸高 ＝12,000	期末商品棚卸高 ＝19,200
当期商品仕入高 ＝42,000＋35,200－3,200 ＝74,000	売上原価 ＝12,000＋74,000－19,200 ＝66,800

先入先出法の場合、期末商品棚卸高を先に求めた方が、計算は簡単です。

期末商品棚卸高＝30個×7月19日仕入分の単価640円＝19,200円

過去問 トライアル解答　**エ**

☑チェック問題

　ある月の商品有高帳より受入と払出の状況を調べた。受入については、前月繰越が12,000円（20個@600円）、仕入が古い順に42,000円（70個@600円）と35,200円（55個@640円）の2回、仕入戻しが3,200円（5個@640円）あった。払出については、売上が古い順に50個、40個、20個の3回あった。このとき、A品の先入先出法による月間の売上原価は19,200円、次月繰越高は66,800円と計算される。　　　　　　　　　　　　　　　　　　　　　　　　⇒×

▶ 　先入先出法では、受入の古い順に払出が行われるので、1回目の払出は30,000円（20個@600円＋30個@600円）、2回目の払出は24,000円（40個@600円）、3回目の払出は12,800円（20個@640円）となる。これらの合計として売上原価は66,800円（30,000円＋24,000円＋12,800円）と計算される。また、仕入戻し（5個@640円）が発生していることを考慮すると、次月繰越高は19,200円（30個（55個－20個－5個）@640円）と計算される。

財務諸表等
純資産（株主資本等）の変動

学習事項 純資産，株主資本，配当可能限度額，株主資本等変動計算書

このテーマの要点

純資産の部と株主への配当可能限度額を理解する！

貸借対照表（B／S）において、資産（総資産）から負債を差し引いた残りが純資産となります。純資産は、株主資本、評価・換算差額等、新株予約権により構成されます。

株主資本は、純資産項目のうち会社の株主に帰属する持分です。株主資本に属する具体的な項目は、以下の通りです。

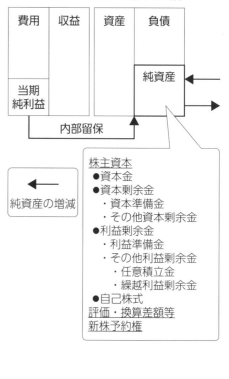

〈B／Sにおける純資産の部〉

資本金	株式の発行に伴い、株主から会社に払い込まれた金銭等（払込資本）のうち、資本金として組み入れられたもの。
資本剰余金	株主からの払込資本のうち、資本金として計上されていないもの。資本準備金とその他資本剰余金に区分。
利益剰余金	会社が自ら獲得した利益のうち、配当などによって社外に流出せず会社内部に留保されている金額（内部留保）。利益準備金とその他利益剰余金（任意積立金と繰越利益剰余金）に区分。
自己株式	自社が発行した株式を自ら取得する際にかかった金額。マイナス項目として記載。

なお、株主資本は様々な要因で変動しますが、**剰余金の配当**（企業が獲得した利益の株主への還元）を行う場合の**配当可能限度額**や準備金の積み立てといった会社法に基づく制約が重要な論点となります。

過去問トライアル	平成19年度　第6問
	準備金の積み立て
類題の状況	R05-Q7(再)　R04-Q10　R02-Q4　H29-Q3　H28-Q5　H25-Q3　H22-Q5

　株主資本の前期末残高は次のとおりである。利益剰余金の配当以前に当期における株主資本の変動はなく、決議された配当の総額200百万円は適切であるとする。このとき、利益準備金と繰越利益剰余金の増加または減少の金額として、会社法および会社計算規則に照らして最も適切なものの組み合わせを下記の解答群から選べ（単位：百万円）。

株主資本前期末残高

（単位：百万円）

資　　本　　金			2,400
資本剰余金	資本準備金		400
	その他資本剰余金		20
	資本剰余金合計		420
利益剰余金	利益準備金		120
	その他利益剰余金	任意積立金	100
		繰越利益剰余金	1,080
	利益剰余金合計		1,300
株主資本合計			4,120

〔解答群〕

ア　利益準備金：18の減少　　繰越利益剰余金：182の減少

イ　利益準備金：20の増加　　繰越利益剰余金：220の減少

ウ　利益準備金：22の増加　　繰越利益剰余金：222の減少

エ　利益準備金：80の増加　　繰越利益剰余金：280の減少

5
簿記の応用論点

　株主資本は、以下の図表に示すような様々な要因で変動します。ここで、剰余金の配当（企業が獲得した利益の株主への還元）を行う場合の配当可能限度額が重要な論点となります。（図表中の※1、※2に示します。）

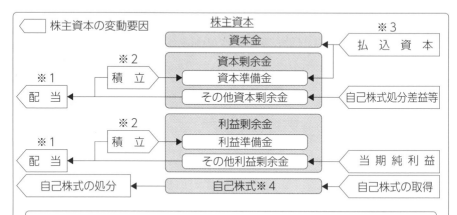

配当可能限度額：
※1　剰余金の配当は、配当可能限度額を超えてはなりません。配当可能限度額（分配可能額）は、分配時の剰余金から分配時の自己株式額を引くことにより求めます。
※2　準備金（資本準備金と利益準備金の合計）が資本金の1/4（基準資本金）に達するまで、配当ごとに配当額の1/10を資本準備金または利益準備金に積み立てる必要があり、以下のいずれか小さい方が準備金の要積立額となります。
　　　●剰余金の配当額×1/10
　　　●配当時の資本金×1/4（基準資本金）－配当時の準備金

● **OnePoint**　　株主資本の変動

① 　※3の**払込資本**については、全額を資本金に組み入れるのが原則ですが、払込金額の1/2を超えない金額までなら資本準備金として積み立ててよいことが会社法において認められています。

② 　**当期純利益**は、「その他利益剰余金」の中の「繰越利益剰余金」に組み込まれます。

● **OnePoint**　自己株式

※4の自己株式とは、発行済みの株式を自社で買い取り、所有している株式のことです。「金庫株」ともいいます。自己株式は株式発行と逆の取引になりますので、金額はマイナスとなります。

自己株式が100百万円のとき、新たに5百万円の自己株式を取得すると自己株式は、▲105百万円となり、逆に5百万円の自己株式を処分すると自己株式は、▲95百万円となります。

2　株主資本等変動計算書

株主資本等変動計算書とは、貸借対照表（B／S）や損益計算書（P／L）と同様に、財務諸表を構成する書類の1つであり、一会計期間中における純資産項目の変動内容を表すものです。

株主資本等変動計算書の様式を以下の図表に示します。（前ページの過去問トライアルのデータを使用していますので、確認してみてください。）

株主資本等変動計算書

X年4月1日〜（X＋1）年3月31日　　　　　　　（単位：百万円）

	株主資本										評価・換算差額等	新株予約権	純資産合計
		資本剰余金			利益剰余金				自己株式	株主資本合計			
	資本金	資本準備金	その他資本剰余金	資本剰余金合計	利益準備金	その他利益剰余金		利益剰余金合計					
						任意積立金	繰越利益剰余金						
前期末残高	2,400	400	20	420	120	100	1,080	1,300	0	4,120	0	0	4,120
当期変動額													
新株の発行													
剰余金の配当					20		△200 △20	△200		△200			△200
任意積立金の積立													
当期純利益													
自己株式の処分													
株主資本以外の項目の当期変動額											—		
当期変動額合計											—		
当期末残高	2,400	400	20	420	140	100	860	1,100	0	3,920	0	0	3,920

● OnePoint　評価・換算差額等と新株予約権

　評価・換算差額等は、「その他有価証券評価差額金」や、ヘッジ会計運用の際に計上される「繰延ヘッジ損益」などです。新株予約権は、会社が新株予約権者に発行した「新株予約権」の金額を計上します。

　純資産のうち株主に帰属する持分（株主資本）の期首から期末への変動の原因が、資本取引（増資、減資、自己株式の取得や処分、配当など）を除き、損益計算で求められた当期純損益による剰余金（サープラス）の増減のみであるという奇麗な（クリーンな）関係をクリーン・サープラス関係といい、企業会計ではこの関係の維持を重視しています。評価・換算差額等は「損益計算と無関係」であり、新株予約権（新株予約権者に帰属）は「現在の株主と無関係」であるため、クリーン・サープラス関係を乱す可能性があります。このことから、評価・換算差額等と新株予約権を株主資本から分離することにより、株主資本においてクリーン・サープラス関係が維持されるようにしています。

過去問 トライアル解答　　**イ**

☑チェック問題

　剰余金の処分において、株主に対して配当金2,000千円を支払うことを決定した。資本金15,000千円、資本準備金2,200千円、利益準備金1,500千円（既積立額）とすると、会社法に従うとき積み立てるべき利益準備金の最低額は50千円である。　　　　　　　　　　　　　　　　　　　　　　　　　　　　　⇒○

▶　配当金による剰余金の処分に関しては、債権者保護の観点から、「剰余金の配当額×1/10」または「資本金×1/4－準備金」のいずれか小さい金額を準備金として積み立てる必要がある。剰余金の配当額×1/10＝2,000千円×1/10＝200千円、資本金×1/4－準備金＝15,000千円×1/4－（2,200千円＋1,500千円）＝50千円　であるから、積み立てるべき利益準備金の最低額は50千円である。

☑チェック問題

次の表の空欄Aに入る最も適切な金額を下記の解答群から選べ（単位：千円）。

(単位：千円)

期　首		期　末		収　益	費　用	純資産の変動		
資　産	負　債	資　産	負　債			当　期 純損益	その他	
							増　加	減　少
640	280	A	340	810	930	（　）	210	190

〔解答群〕

ア　560　　　イ　600　　　ウ　720　　　エ　840

⇒イ

▶ この問題は、簡略化した株主資本等変動計算書を用いて解くことができます。

株主資本等変動計算書

		純資産合計
純資産の期首残高（資本－負債）		640 － 280 ＝ 360
純資産の変動	当期純損益（収益－費用）	810 － 930 ＝ ▲120
	その他	210 － 190 ＝ 20
純資産の期末残高（資産－負債）		A － 340

360 ＋ ▲120 ＋ 20 ＝ A － 340

A ＝ 260 ＋ 340 ＝ 600

5 簿記の応用論点

5 企業結合
のれんの意義と計算

学習事項 無形固定資産, のれん

【 このテーマの要点 】

経済的に価値のあるものをのれんで計上しよう！

長期に保有する資産の中で、法律上の権利として認められたものと、そうではないものの、経済的に価値があるものとみなされるものがあります。前者の例としては、特許権や意匠権、著作権などがあります。後者はブランド力や知名度、ノウハウなどがあります。このような資産を無形固定資産といいます。

今テーマでは、その無形固定資産のうち、経済的に価値のあるものをどのように計上するか、といった内容を取り上げます。このような経済的に価値のあるものをのれんといいます。のれんは、法律上の権利とは異なり、計上が難しい資産です。この資産の扱いについて学習しましょう。

〈無形固定資産とのれん〉

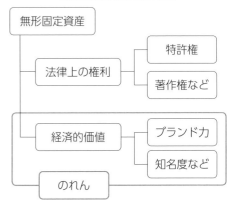

過去問トライアル	平成23年度　第5問
	のれん
類題の状況	R05-Q4　R04-Q5　R03-Q4　R02-Q6　H28-Q3　H25-Q6

当社は1株あたり時価5万円の新株1,000株（1株の払込金額は5万円、その2分の1を資本金に組み入れる）を発行してX社を吸収合併し、同社に対する支配を獲得した。X社の合併直前の資産総額は6,000万円、負債総額は4,000万円、合併時の資産の時価は7,000万円、負債の時価は4,000万円であった。のれんの金額として最も適切なものはどれか。

ア　1,000万円
イ　2,000万円
ウ　2,500万円
エ　3,000万円

1 のれん

　ある会社が他社よりも収益性が高いのは、立地条件、経営者の手腕が優れているからなどといった理由があります。このような条件を資産化したものを「のれん」といいます。

2 のれんの事例

【事例1】

　他の学校よりも収益率が高いA社の場合を考えます。その原因の1つに駅前という立地条件がある場合を考えます。そこで、この立地条件の良さを資産として計上することができます。

【5-5-1　A社のイメージ】

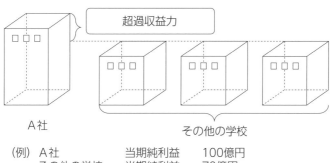

超過収益力

A社　　　　　　　　　　その他の学校

(例)　A社　　　　　当期純利益　　　100億円
　　　その他の学校　当期純利益　　　70億円

　純利益の差30億円は立地条件が良いためです。これをのれん＝30億円として資産計上します。ただし、制度上はこうしたのれんの資産計上はできないという特徴があります。そのため、有償で譲り受けた場合、または合併によって取得したものに限って、このれんは計上できます。

【事例2】

　大手通信会社B社は、中堅通信会社C社を以下の条件により買収することにした。買収代金600は小切手で支払った。(単位：億円)

のれん＝600（買収代金）－純財産400（純資産）＝200

のれん償却：200÷20年＝10/年

【5 - 5 - 2　買収のイメージ】

のれんは、残存価額を 0 円として、取得後20年以内に定額法等により規則的に償却しなければなりません。

（過去問トライアルの解説）

　時価で評価した被合併企業の資産（7,000万円）から負債（4,000万円）を差し引いた被合併企業の評価額（3,000万円）に対し、発行した新株（時価 5 万円×1,000株＝5,000万円）が多ければ、その上回った額（2,000万円）を「のれん」として計上することとなります。

過去問 トライアル解答　**イ**

☑チェック問題

　資産1,000百万円、負債400百万円、純資産600百万円の企業を現金900百万円で買収したので、会計上ののれんとして300百万円を計上した。なお、資産の時価は1,100百万円、負債の時価は同額であった。　　　　　　　　　⇒×

▶　時価で評価した被合併企業の資産（1,100百万円）から負債（400百万円）を差し引いた被買収企業の評価額（700百万円）に対し、900百万円を負担したので、差額の200万円を「のれん」として計上する。

MEMO

第5分野　簿記の応用論点

企業結合
6 連結財務諸表の意義

学習事項　連結の範囲

このテーマの要点

連結財務諸表は何のために作成する？　子会社の認定は？

連結財務諸表は、親会社が親会社
の投資家のために作成します。その
際、親会社と子会社を連結させた企
業集団（企業グループ）全体の財政
状態や経営成績、キャッシュ・フロー
の状況などが報告されます。こうし

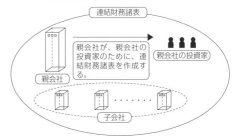

た連結に関する会計処理は非常に複
雑になります。そのため、受験生としては、具体的な会計処理を理解する必要は
ありません。そもそも、親会社や子会社とは、どういった会社を意味するのかといっ
た内容を覚えておけばよいでしょう。そこで、ここでは子会社の認定を中心に説
明していきます。

過去問 トライアル	令和元年度　第3問
	連結会計
類題の状況	R05-Q4　H23-Q6　H13-Q5

連結会計に関する記述として、最も適切なものはどれか。

ア　A社によるB社の議決権の所有割合が40％未満であっても、B社の財務および
営業または事業の方針決定に対して重要な影響を与えることができる場合には、
B社は子会社と判定される。

イ　非支配株主持分は、連結貸借対照表の純資産の部に表示される。

ウ　持分法による投資利益（または損失）は、連結損益計算書の特別利益（または
特別損失）の区分に表示される。

エ　連結貸借対照表は、親会社、子会社および関連会社の個別貸借対照表を合算し、
必要な調整を加えて作成される。

1 連結財務諸表の意義

　複数企業が親子会社関係を形成する場合、これらの会社は法律上は別会社であるため、それぞれ財務諸表を作成します。しかし、それだけでは、親子会社関係が形成されているという事実が会計上反映されませんので、親会社の投資家が投資判断を誤る可能性があります。そこで、親会社は、親会社の投資家のために、親子会社全体としての会計情報を示す連結財務諸表を作成します。（このための会計処理を連結会計といいます。）

2 子会社の認定基準

　連結会計では、親会社は原則としてすべての子会社を連結の範囲に含めなければなりません。実際には、子会社の認定基準に基づいて連結に含める子会社の範囲を決めます。子会社の認定基準には、持ち株基準と支配力基準がありますが、制度上は支配力基準を採用しています。

　支配力基準では、以下の3つの要件の1つでも満たした会社が、子会社と判定されます。

① 他の会社の議決権の過半数（50％超）を自己の計算において所有している場合。

② 他の会社の議決権の40％以上、50％以下を自己の計算において所有しており、かつ、他の会社の意思決定機関を支配している一定の事実が認められる場合。

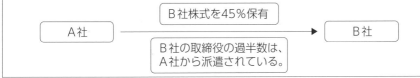

5

簿記の応用論点

③ 自己の計算において所有している議決権（所有割合がゼロの場合を含む）と緊密な者および同意している者が所有している議決権の合計が、他の会社等の議決権の過半数を占めており、かつ、一定の要件に該当することにより、他の会社の意思決定機関を支配していると認められる場合。（なお、ここでいう自己とは、親会社のみならず連結範囲に含まれる子会社まで含みます。すなわち、子会社が議決権の過半数を所有している会社も親会社にとっての子会社に該当します。）

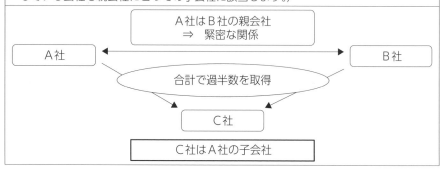

● **OnePoint** **子会社の認定基準**

子会社の認定基準として持株基準を用いると、株式保有比率を例えば40％程度に抑え、業績の悪い子会社を恣意的に連結企業集団から除外することができ、情報利用者（一般投資家）が判断を誤ってしまう危険があります。そこで、現在では、支配力基準を採用しています。

3 非連結子会社と持分法適用会社

子会社のうち、次に該当するものは、連結の範囲に含めない（非連結会社）ものとします。

| (a) 支配が一時的である場合 |
| (例) A社は、B社の株式を70％取得しているが、一時的に所有しているだけである。
（B社が更生会社、整理会社、破産会社等である場合） |
| (b) 連結するとかえって利害関係者が判断を誤ってしまう場合 |
| (例) C社は、D社の株式を70％取得しているが、D社は政情が不安定な国に存在する会社である。 |

また、議決権所有比率が20％以上50％以下の被所有会社を持分法適用会社といいます。連結子会社と異なり、財務諸表を合算することなく、持分法適用会社の純資産および損益を、議決権所有会社の持株比率に応じて反映させます。連結子会社の「完全連結」に対して持分法適用会社は「一行連結」といわれます。ただし、連結財務諸表の当期純損益と純資産に与える影響は同じです。

☑チェック問題

　他社議決権株式における保有割合について、Ｐ社はＢ社の31％を保有し、Ｐ社の子会社であるＡ社はＢ社の20％を保有している。このとき、Ｐ社にとってＢ社は全部連結の対象となる子会社である。　　　　　　　　　　　　⇒○

▶　Ｐ社とその子会社であるＡ社が合計でＢ社の株式の過半数（31％＋20％＝51％）を保有しているので、Ｐ社にとってＢ社は全部連結の対象となる子会社である。

企業結合
投資と資本の相殺消去

学 習 事 項　連結修正，資本連結，投資と資本の相殺消去

このテーマの要点

連結会計における投資と資本の相殺消去を理解しよう

親会社にとって連結範囲の子会社集団が決まると、連結会計によって連結財務諸表を作成することになります。連結会計の流れは右図のようになります。

連結財務諸表で表示すべきものは、親子会社集団として外部者と行った取引の実態ですので、親子会社集団内の取引は連結修正で相殺消去しなければなりません。

連結会計で行われる連結修正は、資本連結と成果連結に分類されます。

資本連結とは、親会社の子会社に対する投資とこれに対応する子会社の資本の相殺消去（投資と資本の相殺消去）を中心とした、資本に関係する連結手続きです。

成果連結とは、債権債務の相殺消去や連結会社相互間の取引高の相殺消去など、資本連結以外の連結手続きです。

〈連結会計の流れ〉

連結範囲の認識（前テーマ）

↓

子会社の個別財務諸表の修正
（例）外国の子会社の外貨表示を円換算

↓

個別財務諸表の合算（全親子会社）

↓

連結修正（資本連結と成果連結）

↓

連結財務諸表の作成（連結修正の反映）

過去問 トライアル	平成20年度　第7問（改題）
	連結貸借対照表の作成について
類題の状況	H30-Q4　H28-Q3

　I社はJ社の発行済株式総数の70％を8,000千円で一括取得した。株式取得日における個別貸借対照表と連結貸借対照表は次のとおりであった（単位：千円）。連結貸借対照表の空欄AとBに入る数値の計算式の組み合わせとして、最も適切なものを下記の解答群から選べ。

　ただし、上記の株式取得日におけるJ社の資産および負債の評価差額はない。

I社貸借対照表

諸 資 産	82,000	諸 負 債	50,000
投　　資	8,000	資 本 金	28,000
		利益剰余金	12,000
	90,000		90,000

J社貸借対照表

諸 資 産	30,000	諸 負 債	20,000
		資 本 金	7,000
		利益剰余金	3,000
	30,000		30,000

I社連結貸借対照表

諸　資　産	112,000	諸　負　債	70,000
の　れ　ん	A	資　本　金	28,000
		利 益 剰 余 金	12,000
		非支配株主持分	B
	（　　）		（　　）

〔解答群〕

ア　A：(7,000＋3,000) −8,000　　　　　B：(7,000＋3,000) ×0.3

イ　A：(7,000＋3,000) −8,000　　　　　B：(12,000＋3,000) ×0.3

ウ　A：8,000− (7,000＋3,000) ×0.7　　B：(7,000＋3,000) ×0.3

エ　A：8,000− (7,000＋3,000) ×0.7　　B：(12,000＋3,000) ×0.3

5

簿記の応用論点

1 投資と資本の相殺消去

　親会社（P社）が子会社（S社）に対して投資している場合を考えます。この場合、この親会社の投資（S社投資）と、これに対する子会社の資本（S社の株主資本である資本金、資本剰余金、利益剰余金）を相殺消去することになります。このとき、親会社（P社）の投資額と子会社（S社）の資本額が一致しない場合があります。この場合の差額を投資消去差額といいます。投資消去差額は、主に子会社（S社）の超過収益力（ノウハウ、ブランド力、販売網など）を反映して発生する無形固定資産と考えられ、のれんとして扱います。

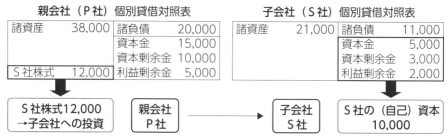

　親会社（P社）個別貸借対照表

諸資産	38,000	諸負債	20,000
		資本金	15,000
		資本剰余金	10,000
S社株式	12,000	利益剰余金	5,000

　子会社（S社）個別貸借対照表

諸資産	21,000	諸負債	11,000
		資本金	5,000
		資本剰余金	3,000
		利益剰余金	2,000

S社株式12,000
→子会社への投資

親会社
P社 → 子会社
S社

S社の（自己）資本
10,000

※差額は投資消去差額

● OnePoint　投資消去差額

　投資消去差額は、借方のみならず貸方に発生する場合もあります。
　貸方に発生した投資消去差額は、「負ののれん」として、その発生した年度に利益として扱います。（負ののれん発生益）

2 投資と資本の相殺消去の計算例

　前ページの過去問トライアルを使い、親会社（I社）の子会社（J社）に対する『投資』と、これに対する子会社（J社）の『資本（資本金、利益剰余金）』を相殺消去する計算例を見ていきましょう。

　この例の特徴は、子会社（J社）の資本の一部が親会社（I社）以外の少数株主に帰属することです。この少数株主に帰属する資本を非支配株主持分といいます。

連結財務諸表（投資と資本の相殺消去）

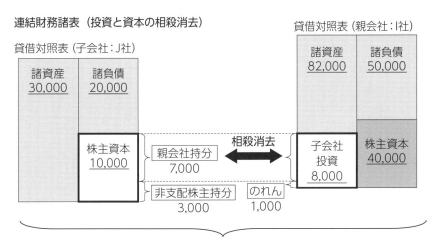

貸借対照表（子会社：J社）

貸借対照表（親会社：I社）

貸借対照表（連結）

※ 投資と資本の相殺消去を行った後の連結貸借対照表については、過去問トライアルの「I社連結貸借対照表」を参照してください。

過去問 トライアル解答　ウ

☑チェック問題

　親会社（P社）が子会社（S社）に投資している場合、親会社の投資（S社投資）と、これに対応するS社の株主資本とは、全額表示の原則により、連結貸借対照表では相殺消去しない。　　　　　　　　　　　　　　　⇒×

▶　親会社の投資（S社投資）と、これに対応するS社の株主資本とは、連結貸借対照表では相殺消去する。

MEMO

キャッシュ・フロー
計算書

キャッシュ・フロー計算書

　本分野ではキャッシュ・フロー計算書について学習します。

　企業の財政状態や経営成績を示すために、貸借対照表と損益計算書が作られます。しかしながら、2つの財務諸表によっても企業の資金繰りの状況までは見えてきません。このため、多額の利益を上げ優良な資産を大量に保有していながら、短期的に資金繰りが悪化して倒産する「黒字倒産」などの危険性について、情報が不足していました。これを補完する第3の財務諸表として、キャッシュ・フロー計算書があります。キャッシュ・フロー計算書では、企業のキャッシュ・フロー獲得状況やキャッシュ・フローの流れを把握することができます。

　キャッシュ・フロー計算書は、主に貸借対照表、損益計算書の数値を利用して作成します。各財務諸表間の関係についても、しっかりと理解して学習を進めていきましょう。

2　出題傾向の分析と対策

❶出題傾向

#	テーマ	H26	H27	H28	H29	H30	R01	R02	R03	R04	R05
6-1	キャッシュ・フロー計算書の構造					1		1			1
6-2	キャッシュの範囲			1	1						
6-3	営業キャッシュ・フローに関する直接法と間接法										
6-4	営業キャッシュ・フローの算定（間接法）								1		
6-5	営業キャッシュ・フローの算定（直接法）										
6-6	営業キャッシュ・フローの算定（小計以下）										
6-7	投資キャッシュ・フローと財務キャッシュ・フロー										

❷対策

　キャッシュ・フロー計算書では「営業活動によるキャッシュ・フロー」の算出が特に重要となります。「損益計算書」と「貸借対照表」の数値とキャッシュの増減の関係をしっかりと理解しておきましょう。

　2次試験の事例Ⅳではキャッシュ・フロー計算書を書かせる問題が出題されています。今のうちにしっかりと時間をかけて学習してください。

　対策としては、まずは、キャッシュ・フローの算出方法の考え方をしっかりと理解してください。そして、各項目の名称とそれぞれの数値が「損益計算書」と「貸借対照表」のどこを使って算出するのかをしっかり覚えてください。テキストの例題や問題集で多くの典型的な処理や計算に触れることによって習得するのが効率的です。

キャッシュ・フロー計算書
キャッシュ・フロー計算書の構造

学習事項 キャッシュ・フロー計算書

このテーマの要点

企業のキャッシュの流れを見抜くにはこの財務諸表！

損益計算書と貸借対照表は非常に重要な財務
諸表ですが、現金がどのように調達され、使用
されているのかを把握することは容易ではあり
ません。

そこで、現金の流れに着目した財務諸表が
キャッシュ・フロー計算書です。ただし、キャッ
シュ・フロー計算書で記録されるものは正確に
は現金ではなく現金および現金同等物です（後
述テーマ「6-2　キャッシュの範囲」で解説
します）。

企業は、たとえ黒字経営を行っていたとして

〈キャッシュ・フロー計算書〉

```
        ┌─ キャッシュの流れ

        ├─ 営業活動による
        │   キャッシュの流れ

        ├─ 投資活動による
        │   キャッシュの流れ

        └─ 財務活動による
            キャッシュの流れ
```

も、収益の入金前に手形の支払期限が来てしまい、手形の支払いができなくなる
と銀行との取引ができなくなってしまいます。これは実質的な倒産を意味します
ので、現金は切らさないようにしっかり管理することが重要です。

過去問トライアル	平成30年度　第12問
	キャッシュ・フロー計算書
類題の状況	R05-Q9　R02-Q13

キャッシュ・フロー計算書に関する記述として、最も適切なものはどれか。

ア　財務活動によるキャッシュ・フローの区分には、資金調達に関する収入や支出、有価証券の取得や売却、および貸し付けに関する収入や支出が表示される。

イ　仕入債務の増加額は、営業活動によるキャッシュ・フローの区分（間接法）において、△（マイナス）を付けて表示される。

ウ　法人税等の支払額は、財務活動によるキャッシュ・フローの区分で表示される。

エ　利息および配当金の受取額については、営業活動によるキャッシュ・フローの区分で表示する方法と投資活動によるキャッシュ・フローの区分で表示する方法が認められている。

1 キャッシュ・フロー計算書の意義

　キャッシュ・フロー計算書とは、一会計期間におけるキャッシュ・フローの状況を一定の活動区分別に表示するものであり、貸借対照表、損益計算書とともに財務諸表の1つとされています。企業が財務諸表としてキャッシュ・フロー計算書を作成する理由は、以下のような必要性があるためです。

① 企業価値評価のための情報提供

　投資家は、企業の儲けを産み出す力により企業価値を評価します。そこでは、利益よりも、現実のキャッシュを稼ぎ出す能力が評価の対象となります。そのため、キャッシュの視点から情報を提供するキャッシュ・フロー計算書が必要となります。

② 企業の資金繰り状態の把握

　損益計算書は、損益に関する情報は提供するものの、実際の現金の収入、支出をそこからつかむことはできません。時には、損益計算書上では利益は出ていても現実の収入は少なく、資金繰りに窮して倒産する場合があります。損益計算書の弱点を補完するために、キャッシュ・フロー計算書を作成します。

キャッシュ・フロー計算書のひな形は次の通りです。

キャッシュ・フロー計算書

自　×年×月×日　至　×年×月×日

Ⅰ	営業活動によるキャッシュ・フロー	
	税引前当期純利益	30
	減価償却費	25
	貸倒引当金の増加額	2
	受取利息および受取配当金	−3
	支払利息	2
	有形固定資産売却損益	−2
	売上債権の増加額	−10
	棚卸資産の増加額	−4
	仕入債務の増加額	10
	小　　　　計	50
	利息および配当金の受取額	2
	利息の支払額	−1
	法人税等の支払額	−12
	営業活動によるキャッシュ・フロー合計	39
Ⅱ	投資活動によるキャッシュ・フロー	
	有価証券の取得による支出	−10
	有価証券の売却による収入	20
	有形固定資産の取得による支出	−50
	有形固定資産の売却による収入	1
	投資有価証券の取得による支出	−2
	投資有価証券の売却による収入	1
	貸付けによる支出	−3
	貸付金の回収による収入	5
	投資活動によるキャッシュ・フロー合計	−38
Ⅲ	財務活動によるキャッシュ・フロー	
	短期借入れによる収入	20
	短期借入金の返済による支出	−5
	長期借入れによる収入	15
	長期借入金の返済による支出	−18
	社債の発行による収入	10
	社債の償還による支出	−2
	株式の発行による収入	10
	自己株式の取得による支出	−10
	配当金の支払額	−5
	財務活動によるキャッシュ・フロー合計	15
Ⅳ	現金および現金同等物の増加額	16
Ⅴ	現金および現金同等物の期首残高	24
Ⅵ	現金および現金同等物の期末残高	40

3 キャッシュ・フロー計算書の分析

キャッシュ・フロー計算書を分析する場合には、次のような視点で分析を行うことが重要です。

❶営業活動によるキャッシュ・フロー

営業活動によるキャッシュ・フローは、簡単にいうと本業によって得た現金収支がプラスであることを指します。これは企業としては必須の要件です。したがって、営業活動によるキャッシュ・フローがマイナスであるだけで本業が赤字である可能性が極めて高く、危険な状態であることがうかがえます。

❷投資活動によるキャッシュ・フロー

本業が好調な場合、企業は通常はIT投資を行うことや、設備を増設するといった戦略を講じます。その場合、投資活動によるキャッシュ・フローはマイナスとなります。伸びている企業ほどマイナスとなる場合が多いです。

逆に、投資活動によるキャッシュ・フローがプラスの場合、過去の過大な投資により重荷となっていた固定資産を売却しているといったことがうかがえます。また、不動産投資に走った企業も、その不動産を売却するために投資活動によるキャッシュ・フローがプラスになることもあります。そのため、投資活動によるキャッシュ・フローがプラスである状態は必ずしも良い状態であるとはいえません。

❸財務活動によるキャッシュ・フロー

財務活動によるキャッシュ・フローは、簡単にいうと借入れを行えばプラス、借入金を返済すればマイナスとなります。そのため、借入金を返済すれば財務活動によるキャッシュ・フローはマイナスとなり会社の健全性が上昇していることが分かります。

過去問 トライアル解答 **エ**

☑チェック問題

キャッシュ・フロー計算書において、営業活動キャッシュ・フロー、投資活動キャッシュ・フロー、および財務活動キャッシュ・フローを合計したものは、現金および現金同等物の増加額である。 ⇒○

▶ キャッシュ・フローは、1年間のキャッシュの増減であり、期末時点のキャッシュの総額ではないことに注意すること。

2 キャッシュ・フロー計算書
キャッシュの範囲

学習事項 キャッシュの範囲，キャッシュ・フロー計算書の表示項目

このテーマの要点

キャッシュ・フロー計算書を理解する！

このテーマでは、財務諸表の1つであるキャッシュ・フロー計算書で扱われる「キャッシュ」の範囲について説明します。

収益・費用から導かれる利益とは異なる、現実の資金（キャッシュ）の収入・支出を表すキャッシュ・フロー計算書が示す情報を、経営や投資の判断に活用していきます。

営業活動キャッシュ・フロー
＋
投資活動キャッシュ・フロー
＋
財務活動キャッシュ・フロー
＝
一会計期間のキャッシュ・フロー

過去問 トライアル	平成25年度　第4問
	キャッシュの範囲
類題の状況	H29-Q13　H28-Q9(1)　H16-Q12

キャッシュ・フロー計算書が対象とする資金の範囲は、現金及び現金同等物である。現金同等物に含まれる短期投資に該当する最も適切なものの組み合わせを下記の解答群から選べ。なお、a〜eの資産の運用期間はすべて3か月以内であるとする。

　a　株式
　b　株式投資信託
　c　コマーシャル・ペーパー
　d　定期預金
　e　普通預金

〔解答群〕

ア　aとb
イ　aとc
ウ　bとc
エ　cとd
オ　dとe

1 キャッシュの範囲

キャッシュ・フロー計算書でいうキャッシュ（資金）とは、現金および現金同等物です。

❶現金

手許現金および要求払い預金（当座預金、普通預金、通知預金など）をいいます。

❷現金同等物

容易に換金可能であり、かつ、価値の変動について僅少なリスクしか負わない短期投資（定期預金、譲渡性預金、コマーシャルペーパーなど）（一般的に取得日から償還日までの期間が3ヶ月以内）をいいます。

> **● OnePoint　キャッシュの範囲**
>
> 貸借対照表における「現金・預金」の数値とは、必ずしも一致しません。

2 キャッシュ・フロー計算書の表示項目

キャッシュ・フロー計算書は、一会計期間の現金および現金同等物の増減額を、以下の3つの活動区分に分けて表示されます。

❶営業活動によるキャッシュ・フロー

企業の主たる活動である営業取引（営業損益計算の対象取引）および、投資活動、財務活動以外の活動による取引のキャッシュ・フローをいいます。

・商品の販売および役務の提供による収入
・材料の仕入れによる支出
・従業員および役員への人件費の支払い
・各種経費の支払い
・災害による保険金収入、損害賠償の支払い、など

❷投資活動によるキャッシュ・フロー

企業の投資活動（資産の取得および売却）による取引のキャッシュ・フローをいいます。

・有形固定資産の取得、売却による支出、収入
・有価証券（現金同等物を除く）の取得、売却による支出、収入
・貸付けによる支出、貸付金回収による収入

❸財務活動によるキャッシュ・フロー

　企業の財務活動（資金調達および返済）による取引のキャッシュ・フローをいいます。

- ・株式の発行による収入
- ・借入金の返済による支出
- ・社債の発行による収入
- ・配当金の支払い

● OnePoint　譲渡性預金

　譲渡性預金とは、預入期間が短期に設定された、譲渡可能な預金です。コマーシャルペーパーとは、企業が発行する短期の無担保証券です。

● OnePoint　利息、配当金の表示について

　利息、配当金の受取額および利息の支払額については、以下の表の通り、キャッシュ・フロー計算書の表示方法が２通りあります。

	①	②
利息の受取額	営業ＣＦ	投資ＣＦ
配当金の受取額		
利息の支払額		財務ＣＦ

　なお、支払配当金はどちらの方法でも財務ＣＦに表示されます。

過去問　トライアル解答　**エ**

☑チェック問題

　キャッシュ・フロー計算書が対象とするキャッシュの範囲は、現金および現金同等物である。現金に該当するものとして、「手許現金」、「当座預金」、「普通預金」、「通知預金」などがある。また、現金同等物に該当するものとして、「決算日から３ヶ月以内に満期の来る定期預金」、「取得日から３ヶ月以内に償還されるコマーシャル・ペーパー」などがある。　　　　　　　　　　　⇒×

▶　キャッシュ・フロー計算書が対象とするキャッシュの範囲は、現金（手許現金および要求払い預金（当座預金、普通預金、通知預金など））および現金同等物（取得日から満期日または償還日までの期間が３ヶ月以内の短期投資）である。起点は「取得日」であるから、「決算日から３ヶ月以内に満期の来る定期預金」は現金同等物の定義からは外れる。

☑チェック問題

法人税等の支払額、支払配当金は営業ＣＦの小計以下に表示される。 ⇒×

▶ 法人税等の支払額は営業ＣＦの小計以下に表示されますが、支払配当金は財務ＣＦに表示されます。

3 キャッシュ・フロー計算書
営業キャッシュ・フローに関する直接法と間接法

学習事項 営業活動によるキャッシュ・フローの直接法と間接法

このテーマの要点

営業キャッシュ・フローの記載方法を覚えよう！

キャッシュ・フロー計算書の営業活動によるキャッシュ・フローでは、記載方法が直接法と間接法の2つに区分されます。

このテーマでは、この2つのそれぞれの基本的な構造と、各項目の表示を正しく認識して、報告書の示すキャッシュ・フローの情報を読みとくことを学習します。

過去問トライアル	平成15年度 第17問（設問4）
	営業活動によるキャッシュ・フローの直接法と間接法
類題の状況	H20-Q6　H18-Q6

第12期　キャッシュ・フロー計算書（第1様式）

2002年4月1日〜2003年3月31日

I　営業活動によるキャッシュ・フロー

営業収入	A
商品仕入による支出	B
人件費の支出	C
その他営業費の支出	△　　400
小　計	
利息の支払額	△　　90
営業活動によるキャッシュ・フロー	

〈以下省略〉

第12期　キャッシュ・フロー計算書（第2様式）

2002年4月1日〜2003年3月31日

I　営業活動によるキャッシュ・フロー

D	
減価償却費	1,200
貸倒引当金増加額	20
E	F
役員賞与金の支払額	△　40
売上債権の増加額	△　1,000
棚卸資産の増加額	△　100
仕入債務の減少額	△　100
小　計	
利息の支払額	
営業活動によるキャッシュ・フロー	

〈以下省略〉

（設問）

2つの様式のキャッシュ・フロー計算書および第2様式の　D　に関わる次の記述のうち最も適切なものはどれか。

ア 第1様式は間接法、第2様式は直接法と呼ばれ、　D　には「資産増加額」が入る。

イ 第1様式は間接法、第2様式は直接法と呼ばれ、　D　には「当期純利益」が入る。

ウ 第1様式は直接法、第2様式は間接法と呼ばれ、　D　には「資産増加額」が入る。

エ 第1様式は直接法、第2様式は間接法と呼ばれ、　D　には「当期純利益」が入る。

キャッシュ・フロー計算書は、営業活動によるキャッシュ・フロー（以下営業ＣＦ）の区分の記載方法により、直接法と間接法に分かれます。これらは表示形式の違いであり、営業ＣＦの金額やその増減額に違いはありません。

直接法は営業活動のキャッシュ・フロー項目を、直接記載して算定するような表示形式です。

キャッシュ・フロー計算書

Ⅰ　営業活動によるキャッシュ・フロー	
営　　業　　収　　入	×××
原材料又は商品の仕入れによる支出	−×××
人　件　費　の　支　出	−×××
そ　の　他　の　営　業　支　出	−×××
小　　計	×××
利息および配当金の受取額	×××
利　息　の　支　払　額	−×××
法　人　税　等　の　支　払　額	−×××
営業活動によるキャッシュ・フロー	×××

（以　下　省　略）

● OnePoint　**営業活動によるキャッシュ・フロー**

営業活動によるキャッシュ・フローの区分は、営業損益計算に関連するものに限られません。営業損益にかかるものとそうでないものとを小計で区切っています。

2 間接法

間接法は、損益計算書の税引前当期純利益額に必要な調整を加えて算定するような表示形式です。

キャッシュ・フロー計算書

Ⅰ 営業活動によるキャッシュ・フロー

税 引 前 当 期 純 利 益	× × ×
減 価 償 却 費	× × ×
貸 倒 引 当 金 の 増 減 額	± × × ×
受 取 利 息 お よ び 受 取 配 当 金	－ × × ×
支 払 利 息	× × ×
有 形 固 定 資 産 売 却 損 益	± × × ×
売 上 債 権 の 増 減 額	∓ × × ×
た な 卸 資 産 の 増 減 額	∓ × × ×
仕 入 債 務 の 増 減 額	± × × ×
前 受 金 の 増 減 額	± × × ×
小 計	× × ×
利 息 お よ び 配 当 金 の 受 取 額	× × ×
利 息 の 支 払 額	－ × × ×
法 人 税 等 の 支 払 額	－ × × ×
営業活動によるキャッシュ・フロー	× × ×

過去問 トライアル解答 エ

☑チェック問題

営業活動によるキャッシュ・フローにおいて、小計より上を営業収入、商品仕入による支出、人件費の支出などの加減によって計算する方法を「直接法」という。また、小計より上を税引前当期純利益を起点として計算する方法を「間接法」という。 ⇒○

▶ 営業活動によるキャッシュ・フローを計算する2つの方法（直接法と間接法）は、問題文の記述の通りである。

キャッシュ・フロー計算書
4 営業キャッシュ・フローの算定（間接法）

学習事項 営業活動によるキャッシュ・フロー（間接法）の基礎

このテーマの要点

税引前当期純利益からスタート！

営業活動によるキャッシュ・フローは、小計欄を挟んで２つに区分されます。小計欄より下の項目は直接法でも間接法でも同じ表示と算定方法になりますが、小計欄の上の項目では直接法と間接法で表示が異なります。このテーマでは、過去の出題形式に沿って、まず間接法の４つの項目の数値の具体的な算定方法を確認していきます。

間接法

税引前当期純利益に加減

過去問トライアル	平成21年度　第4問
	営業活動キャッシュ・フローの内容（基本問題）
類題の状況	R03-Q9　H24-Q4　H20-Q6　H19-Q13　H17-Q11

税引前当期純利益（または税引前当期純損失）に必要な調整項目を加減する方法（間接法）により営業活動によるキャッシュ・フローを表示する場合に、加算される項目として最も適切なものはどれか。

ア　損益計算書に収益として計上されている項目のうち、資金の増加を伴う項目

イ　損益計算書に収益として計上されている項目のうち、投資活動によるキャッシュ・フローの区分に含まれない項目

ウ　損益計算書に費用として計上されている項目のうち、資金の減少を伴わない項目

エ　損益計算書に費用として計上されている項目のうち、投資活動によるキャッシュ・フローの区分にも財務活動によるキャッシュ・フローの区分にも含まれない項目

1　営業キャッシュ・フローの構成要素（間接法）

間接法においては、損益計算書の税引前当期純利益をもとに以下の4つの調整を加えます。

- ・非資金費用の調整
- ・貸倒れの調整
- ・営業利益への修正
- ・資産負債の調整

2　間接法の4つの調整

前項の調整事項につき、前期および当期の貸借対照表と当期の損益計算書から算定します。

① 非資金費用の調整

損益計算書に計上されている費用の中で、減価償却費などの現金の支出を伴わない費用を加算調整します。

② 貸倒れの調整

貸倒引当金の減少は売掛金の増加要因であり、増加は現金の支出を伴わない貸倒引当金繰入を費用計上したものです。そのため、貸倒引当金が増加した場合は加算、減少した場合は減算の調整を行います。

③ 営業利益への修正

営業利益より下の営業外損益、特別損益は、営業活動以外の損益であるため、税引前当期純利益から収益は減算、費用・損失は加算の調整を行います。ただし、営業資産・負債に関する損益は下記の「資産負債の調整」で行うためここでは調整しません。

④ 資産負債の調整

営業活動に関連するまだ現金回収を行っていない売上債権や棚卸資産などの資産、まだ現金支払を行っていない仕入債務などの負債の調整を行います。資産の増加は減算、減少は加算、負債の増加は加算、減少は減算の調整をします。

● OnePoint　営業キャッシュ・フローの算定（間接法）

①損益計算書の貸倒引当金繰入額や貸倒損失はここでは考慮しません。

②営業資産・負債に関する損益とは、棚卸資産の評価損や売上債権の貸倒損失などです。

　前項の調整事項につき、前期および当期の貸借対照表と当期の損益計算書から算定します。

```
                キャッシュ・フロー計算書
         自　×年×月×日　　　至　×年×月×日
Ⅰ　営業活動によるキャッシュ・フロー
        税　引　前　当　期　純　利　益          ×××
        減　価　償　却　費                      ×××
        貸　倒　引　当　金　の　増　減　額      ±×××
        受　取　利　息　お　よ　び　受　取　配　当　金    －×××
        支　　　払　　　利　　　息              ×××
        有　形　固　定　資　産　売　却　損　益  ±×××
        売　上　債　権　の　増　減　額          ∓×××
        た　な　卸　資　産　の　増　減　額      ∓×××
        仕　入　債　務　の　増　減　額          ±×××
                小　　　計                      ×××
              (以　下　省　略)
```

> **● OnePoint　キャッシュ・フローの記述**
>
> 　キャッシュ・フローはＣＦと記述される場合があります。2次試験の事例Ⅳでは、キャッシュ・フローについて記述を求められる問題が出題されることがあります。その場合に、字数を短縮するために「営業活動によるキャッシュ・フロー」を「営業ＣＦ」と表しても問題ありません。

過去問　トライアル解答　　**ウ**

☑チェック問題

　営業活動によるキャッシュ・フローを間接法で計算する場合、売上債権の増加額と棚卸資産の増加額は加算し、仕入債務の増加額は減算する。　　　　　　⇒×

▶　「加算」と「減算」が逆である。営業活動によるキャッシュ・フローを間接法で計算する場合、売上債権と棚卸資産の増加はキャッシュ以外の資産の増加になるため、相対的にキャッシュは減少する。一方、仕入債務の増加は、当面は支払わなくてもよい負債が増加することになるため、相対的にキャッシュは増加する。

☑チェック問題

　次の財務データおよび損益データから当期のキャッシュ・フロー計算書の営業キャッシュ・フロー（間接法）に記載する以下項目は次の通りとなる。

＜財務データ＞ （単位：千円）

	前期	当期
売上債権	30	40
棚卸資産	10	20
仕入債務	20	30
貸倒引当金	3	5

＜損益データ＞ （単位：千円）

	当期
減価償却費	10
貸倒引当金繰入額	2
営業外収益	20
営業外費用	10

＜キャッシュ・フロー計算書の記載内容＞ （単位：千円）

減価償却費	10
貸倒引当金の増減額	2
営業外収益	−20
営業外費用	10
売上債権の増減額	−10
棚卸資産の増減額	−10
仕入債務の増減額	10

⇒○

▶ 間接法では、以下の調整を行います。

①非資金費用の調整
②貸倒れの調整
③営業利益への修正
④資産負債の調整

減価償却費	10	・・・①
貸倒引当金の増減額	2	・・・②
営業外収益	−20	・・・③
営業外費用	10	・・・③
売上債権の増減額	−10	・・・④
棚卸資産の増減額	−10	・・・④
仕入債務の増減額	10	・・・④

キャッシュ・フロー計算書
5 営業キャッシュ・フローの算定（直接法）

学習事項 債権債務の推定，小計以下の算定

このテーマの要点

推定問題はボックス図を描いて対応しよう！

営業活動によるキャッシュ・フローは直接法と
間接法の2つの表示方法があり、本試験でも頻出
の論点になります。このテーマでは、過去の出題
形式に沿って、直接法の構成要素とその具体的な
算定方法を確認していきます。

債権債務の推定

勘定ボックスを描く

過去問 トライアル	平成20年度　第6問（設問2）
	営業活動キャッシュ・フローの内容（推定問題）
類題の状況	H24-Q13　H19-Q13　H18-Q6　H17-Q11

以下に掲げる当期のキャッシュ・フロー計算書（単位：千円）に基づいて、下記
の設問に答えよ。

キャッシュ・フロー計算書

I　営業活動によるキャッシュ・フロー

税引前当期純利益	25,000
減価償却費	8,000
貸倒引当金の増加額	A
受取利息および受取配当金	−4,300
支払利息	7,200
有形固定資産売却益	B
売上債権の増加額	−10,000
たな卸資産の減少額	6,000
仕入債務の減少額	−17,000
小計	（　　）
利息および配当金の受取額	4,700
利息の支払額	−6,200
法人税等の支払額	−9,000
営業活動によるキャッシュ・フロー	3,000

（以下省略）

（設問）

　当期の営業損益に関するデータは次のとおりである。営業収入と原材料又は商品の仕入による支出の金額（単位：千円）の組み合わせとして、最も適切なものを下記の解答群から選べ。

営業損益に関するデータ

（単位：千円）

| 売上高 | 220,000 | 売上原価 | 160,000 |
| 販売費および一般管理費 | 34,100 | 営業利益 | 25,900 |

〔解答群〕

ア　営業収入：190,000　原材料又は商品の仕入れによる支出：171,000

イ　営業収入：190,000　原材料又は商品の仕入れによる支出：183,000

ウ　営業収入：210,000　原材料又は商品の仕入れによる支出：171,000

エ　営業収入：210,000　原材料又は商品の仕入れによる支出：183,000

1　営業キャッシュ・フローの算定（直接法）

① 営業収入の算定とその範囲

　営業収入とは、主に商品の販売による収入額で、売掛金の回収額や受取手形の決済収入などの売掛債権の減少額や前受金の受取額を含みます。また、売上債権は貸倒れにより回収が不可能になって減少する場合があります。

売上債権

| 前期B／S売上債権 | 当期B／S売上債権 |
| P／L売上高 | 現金 |

営業収入＝P／L売上高−（当期B／S売上債権−前期B／S売上債権）

② 仕入れによる支出の算定とその範囲

　原材料又は商品の仕入れによる支出とは、原材料や商品（以下商品等）を仕入れるための支出額で、買掛金の支払額や支払手形の決済支出などの仕入債務の減少額や前払金の支払額を含みます。

仕入債務 / 棚卸資産

仕入債務				棚卸資産	
当期B／S仕入債務	前期B／S仕入債務		前期B／S棚卸資産		当期B／S棚卸資産
	仕入高	←		仕入高	
現金					P／L売上原価

仕入れによる支出＝P／L売上原価＋（当期B／S棚卸資産−前期B／S棚卸資産）
　　　　　　　　−（当期B／S仕入債務−前期B／S仕入債務）

💬 OnePoint　**ボックス図**

①ボックス図の現金部分が、キャッシュ・フロー計算書に含まれる金額部分です。以後のボックス図においてもすべて同様です。また、網掛け部分（青色の箇所）は、貸借対照表の数値を利用する部分です。

②キャッシュ・フロー計算書上では、金額がマイナスになる点に注意します。

（過去問トライアルの解説）

売上債権

期首残高	期末残高
10,000千円	
当期売上による売上債権の増加 220,000千円	現金による回収高 210,000千円

仕 入

期首商品棚卸高	期末商品棚卸高 6,000千円
当期商品仕入高 160,000−6,000 ＝154,000	売上原価

仕入債務

期末残高	期首残高 17,000千円
現金による支払高 154,000千円＋ 17,000千円 ＝171,000千円	当期仕入による仕入債務の増加 154,000千円

過去問　トライアル解答　**ウ**

☑チェック問題

　営業活動によるキャッシュ・フローを直接法で計算する場合の「営業収入」は、21,000万円である。ただし、期首売上債権は800万円、期末売上債権は1,800万円、当期売上高は20,000万円であるとする。　　　　　　　　　⇒×

▶　営業収入＝期首売上債権800万円＋当期売上高20,000万円－期末売上債権1,800万円＝19,000万円　　と計算される。

キャッシュ・フロー計算書
6 営業キャッシュ・フローの算定（小計以下）

学 習 事 項 債権債務の推定，小計以下の算定

このテーマの要点

推定問題はボックス図を描いて対応しよう！

営業活動によるキャッシュ・フローは直接法と間接法の2つの表示方法があり、本試験でも頻出の論点になります。このテーマでは、直接法と間接法に共通する、小計欄以下の項目の算定について確認していきます。

過去問 トライアル	平成24年度　第4問
	経過勘定、キャッシュ・フロー計算書
類題の状況	H18-Q6

次のキャッシュ・フロー計算書に基づき、支払利息勘定の空欄Aの金額として最も適切なものを下記の解答群から選べ。

キャッシュ・フロー計算書

(単位：千円)

I 営業活動によるキャッシュ・フロー

税 引 前 当 期 純 利 益	52,100
減 価 償 却 費	78,400
退 職 給 付 引 当 金 の 増 加 額	8,800
貸 倒 引 当 金 の 増 加 額	400
受 取 利 息 お よ び 受 取 配 当 金	△2,600
支 払 利 息	1,100
有 形 固 定 資 産 売 却 損 益（純 額）	600
売 上 債 権 の 増 加 額	△10,200
た な 卸 資 産 の 減 少 額	9,500
仕 入 債 務 の 増 加 額	1,000
小 計	139,100
利 息 お よ び 配 当 金 の 受 取 額	3,200
利 息 の 支 払 額	△1,000
法 人 税 等 の 支 払 額	△10,400
営業活動によるキャッシュ・フロー	130,900

(以 下 省 略)

支 払 利 息

前 払 利 息	400	損 益	（ ）
当 座 預 金	（ ）	前 払 利 息	A
	（ ）		（ ）

(注) 金額の単位は千円である。

〔解答群〕

ア 100 千円
イ 300 千円
ウ 500 千円
エ 1,000 千円

1 小計以下の処理

① 損益計算書と記述が異なる理由

　小計以下の項目の「利息および配当金の受取額」、「利息の支払額」、「法人税等の支払額」の項目については、損益計算書の「受取利息・受取配当金」、「支払利息」、

「法人税等」と記述は似ています。しかし、両者は異なるものです。具体的には、キャッシュ・フローには実際にキャッシュとして受け取り、支払いを行った金額を記述しますが、損益計算書には、当期に発生した金額を記述する（受け取りや支払いに依存しない）という点で異なります。

❷ 小計欄以下の項目の算定

小計欄以下の項目については、当期の受取・支払額を記載します。ボックス図を示すと、以下のようになります。

受取利息・受取配当金

前期B／S 未収利息	当期B／S 未収利息
P／L 受取利息・ 受取配当金	**現金**

支 払 利 息

前期B／S 前払利息	当期B／S 前払利息
現金	P／L 支払利息

法 人 税 等

当期B／S 未払法人税等	前期B／S 未払法人税等
現金	P／L 法人税等

【例題】
　次の財務データ等を用いて、当期のキャッシュ・フロー計算書の小計欄以下の項目を算定し、営業キャッシュ・フローを求めなさい。
　①貸借対照表データ（単位：千円）

	前期	当期
未収利息	80	100
前払利息	50	40
未払法人税等	130	100

　②損益計算書データ（単位：千円）

受取利息・受取配当金	200
支払利息	300
法人税等	360

　③関連データ
　　・当期のキャッシュ・フロー計算書の営業キャッシュ・フロー小計の金額は1,400千円である。

解答への道

〈1〉ボックス図の準備

受取利息・受取配当金

前期B／S 未収利息	当期B／S 未収利息
P／L 受取利息・ 受取配当金	<u>現金</u>

支 払 利 息

前期B／S 前払利息	当期B／S 前払利息
<u>現金</u>	P／L 支払利息

法 人 税 等

当期B／S 未払法人税等	前期B／S 未払法人税等
<u>現金</u>	P／L 法人税等

〈2〉ボックス図へ数値を代入

受取利息・受取配当金

前期B／S 未収利息 80	当期B／S 未収利息 100
P／L 受取利息・ 受取配当金 200	<u>現金</u> <u>180</u>

支 払 利 息

前期B／S 前払利息 50	当期B／S 前払利息 40
<u>現金</u> <u>290</u>	P／L 支払利息 300

法 人 税 等

当期B／S 未払法人税等 100	前期B／S 未払法人税等 130
<u>現金</u> <u>390</u>	P／L 法人税等 360

〈3〉小計欄以下の項目の算出と営業キャッシュ・フローの算出

　ボックス図の現金の値が各項目の金額となります。営業キャッシュ・フローまでのキャッシュ・フロー計算書を示すと以下のようになります。

小　　計	1,400
利息および配当金の受取額	180
利息の支払額	−290
法人税等の支払額	−390
営業活動によるキャッシュ・フロー	900

過去問　トライアル解答　**イ**

☑チェック問題

　営業活動によるキャッシュ・フローの小計以下は、損益計算書の「受取利息・受取配当金」、「支払利息」、「法人税等」の符号を変えて記述する。　　⇒×

▶　キャッシュ・フローには実際にキャッシュとして受け取り、支払いを行った金額を記述する。損益計算書には、当期に発生した金額を記述する（受け取りや支払いに依存しない）という点で異なる。

7 キャッシュ・フロー計算書
投資キャッシュ・フローと財務キャッシュ・フロー

学習事項 投資CF，財務CF

このテーマの要点

営業活動以外のキャッシュ・フローを理解しよう！

企業は、競争力のある製品を研究・開発するために設備投資を行う場合があります。このような投資に関するキャッシュ・フローは、投資活動によるキャッシュ・フローに記録します。

また、企業は、本業から得た資金で企業活動を行うことが基本ですが、一時的に資金が足りなくなった場合には借入れを行う

営業活動キャッシュ・フロー
＋
投資活動キャッシュ・フロー
＋
財務活動キャッシュ・フロー
＝
一会計期間のキャッシュ・フロー

場合もあります。そのような借入金の増減に関するキャッシュ・フローは、財務活動によるキャッシュ・フローに記載します。

本テーマでは、投資活動によるキャッシュ・フローと財務活動によるキャッシュ・フローの計算方法について理解します。

過去問トライアル	平成22年度　第6問（一部省略）
	投資活動キャッシュ・フローの計算
類題の状況	－

当期の資産と損益に関する次の資料（単位：千円）に基づいて、キャッシュ・フロー計算書の空欄Aに入る数値として最も適切なものを下記の解答群から選べ（単位：千円）。

資　　産	期　首	期　末	損　　益	
有形固定資産	48,700	47,000	減価償却費	2,040
減価償却累計額	12,000	13,200	固定資産売却益	150
	36,700	33,800		

```
             キャッシュ・フロー計算書
投資活動によるキャッシュ・フロー
  有価証券の売却による収入              1,850
  有形固定資産の売却による収入           A
    投資活動によるキャッシュ・フロー    ☐
                  （以 下 省 略）
```

〔解答群〕

ア　840　　　　イ　960　　　　ウ　1,010　　　　エ　1,200

1 投資活動によるキャッシュ・フロー

❶投資活動によるキャッシュ・フローの意義

　投資活動によるキャッシュ・フロー（投資CF）は、企業の投資活動に関連するキャッシュ・フローを示したものです。企業の投資活動としては、主に固定資産の売却、有価証券の売買、資金の貸付けといったものが挙げられます。

❷投資活動によるキャッシュ・フローのひな形

　投資活動によるキャッシュ・フローのひな形は次のようになります。

```
             キャッシュ・フロー計算書
Ⅱ　投資活動によるキャッシュ・フロー
    有価証券の取得による支出            －×××
    有価証券の売却による収入             ×××
    有形固定資産の取得による支出         －×××
    有形固定資産の売却による収入          ×××
    投資有価証券の取得による支出         －×××
    投資有価証券の売却による収入          ×××
    貸付けによる支出                    －×××
    貸付金の回収による収入               ×××
  投資活動によるキャッシュ・フロー        ×××
```

2 財務活動によるキャッシュ・フロー

❶財務活動によるキャッシュ・フローの意義

　財務活動によるキャッシュ・フロー（財務ＣＦ）は、企業の財務活動（資金調達活動）に関連するキャッシュ・フローを示したものです。企業の財務活動としては、主に資金の借入れ、社債の発行、株式の発行などが挙げられます。

❷財務活動によるキャッシュ・フローのひな形

　財務活動によるキャッシュ・フローのひな形は次のようになります。

<u>キャッシュ・フロー計算書</u>

Ⅲ　財務活動によるキャッシュ・フロー	
短期借入れによる収入	×××
短期借入金の返済による支出	－×××
長期借入れによる収入	×××
長期借入金の返済による支出	－×××
社債の発行による収入	×××
社債の償還による支出	－×××
株式の発行による収入	×××
自己株式の取得による支出	－×××
配当金の支払額	－×××
財務活動によるキャッシュ・フロー	×××

● OnePoint　各科目の計算について

　短期借入金や社債などの科目については、基本的には当期および前期の貸借対照表の数値の変動を参照することで直ちに数値を計算することができます。ただし、同一の勘定科目（短期借入金など）で取得と返済を行った場合には、貸借対照表のみから取得と返済の金額を算出することはできません。その場合には、必ずどこかに注記がありますので注意して問題文を読んでください。

（過去問トライアルの解説）

　まず、有形固定資産は48,700から47,000に減少したため、差額の1,700だけ売却したことが分かります。その有形固定資産の減価償却累計額は、期首残高（12,000）＋減価償却費（2,040）－期末残高（13,200）から840であることが分かります。

　したがって、帳簿上の金額は、1,700－840＝860であり、860だけの資産を売却する際に固定資産売却益が150だけ計上されたため、有形固定資産の売却による収入Aは、860＋150＝1,010となります。

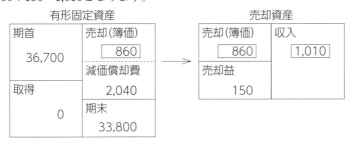

　参考までに仕訳は下記の通りとなります。

（借方）現　　　　金　1,010　　　（貸方）有形固定資産　1,700
　　　　減価償却累計額　840　　　　　　　固定資産売却益　150

過去問 トライアル解答　**ウ**

☑チェック問題

　有形固定資産について、期首の合計価額が49,000千円（うち減価償却累計額12,000千円）、期末の合計価額が47,000千円（うち減価償却累計額13,000千円）、当期の減価償却費が2,000千円、当期の固定資産売却益が500千円であるとすると、投資活動によるキャッシュ・フローのうちの「有形固定資産の売却による収入」は、1,000千円となる。　　　　　　　⇒×

▶　売却した有形固定資産の取得原価は、49,000千円－47,000千円＝2,000千円　である。売却した有形固定資産の減価償却累計額は、期首の減価償却累計額12,000千円＋当期の減価償却費2,000千円－期末の減価償却累計額13,000千円＝1,000千円　である。よって、売却した有形固定資産の未償却残高は、2,000千円－1,000千円＝1,000千円　となる。この有形固定資産の売却時に固定資産売却益500千円が計上されていることから、「有形固定資産の売却による収入」は、1,000千円＋500千円＝1,500千円　と計算される。

第 **7** 分野

原価計算

原価計算

1 各テーマの関連

原価計算 ─── 原価の概念 ─── 7-1 原価の種類

　　　　　└── 原価計算の仕組み ─┬─ 7-2 製造原価明細書

　　　　　　　　　　　　　　　├─ 7-3 個別原価計算

　　　　　　　　　　　　　　　├─ 7-4 総合原価計算

　　　　　　　　　　　　　　　└─ 7-5 標準原価計算

　原価計算とは、文字通り企業の生産する製品の原価を計算することです。企業は、自社の生産する製品の原価がいくらであるのかを把握し、適切に管理していくことで、厳しい環境の中でも勝ち抜いていける戦略を立てることができます。

　原価の分類には、原価発生の形態による分類（材料費、労務費、経費）と、一定単位の製品の生成量と相関を持って（比例して）認識されるか否かの性質による分類（直接費、間接費）があります。

　また、原価計算の分類として、「個別原価計算」と「総合原価計算」、「実際原価計算」と「標準原価計算」、「全部原価計算」と「直接原価計算」があります。現実に企業が行う原価計算は、これらの計算方法の組み合わせになります。

　本分野では、最初に、原価の概念として原価の種類について説明します。そして、原価計算の仕組みとして、製造に伴って発生した原価を示す「製造原価明細書」について説明するとともに、重要な原価計算方法として、「個別原価計算」、「総合原価計算」、および「標準原価計算」について説明します。

① 出題傾向

#	テーマ	H26	H27	H28	H29	H30	R01	R02	R03	R04	R05
7-1	原価の種類		1	1	1					1	
7-2	製造原価明細書										
7-3	個別原価計算		1						1		
7-4	総合原価計算		1		1						1
7-5	標準原価計算			1	1						1

② 対策

　「原価計算」の分野においては、製造原価の構成を問う基本的な問題、および主要な原価計算方式（個別原価と総合原価、実際原価と標準原価など）を用いた計算問題が頻出です。また、製造原価明細書の様式に数値を当てはめる問題も出題されたことがありますので、留意してください。

　対策としては、まずは、製造原価の構成要素をしっかり覚えてください。確実に点数が取れるところです。また、主要な原価計算方式（原価計算基準）については、ボックス図などのイメージをうまく使って理解するとともに、テキストの例題や問題集を使って実際の原価計算を行う手順に慣れてください。与えられた原価のデータをいかに標準化した手順で効率よく整理できるかがポイントとなります。

7

原価計算

第7分野 　原価計算

1 原価の概念
原価の種類

学 習 事 項 原価の分類

このテーマの要点

原価の概念を理解する！

原価とは、経営目的に関連して製品を生産し販売する費用を意味するものですが、より詳しく内容を区分することができます。また、この原価の分類については、いくつかの視点があります。そこで、ここでは原価の概念について説明します。なお、原価に含まれない（経営目的に関連しない）費用としては、営業外費用と特別損失があります。

原価分類の視点

①形態別分類
②製品との関連による分類
③操業度との関連による分類

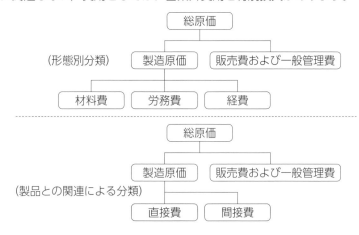

過去問 トライアル	平成29年度　第10問
	原価の概念
類題の状況	R04-Q6　H28-Q6　H27-Q6　H25-Q9　H24-Q6　H20-Q9 H17-Q6　H16-Q7

原価計算基準における製造原価に関する記述として、最も適切なものはどれか。

ア　間接労務費には、直接工賃金は含まれない。

イ　形態別分類において、経費とは材料費、労務費、減価償却費以外の原価要素をいう。

ウ　原価の発生が特定の製品の生産との関連で直接的に把握されないものを間接費という。

エ　直接材料費、直接労務費以外の原価要素を加工費という。

1 原価の分類

1. 形態別分類

　形態別分類では、以下のように原価を分類します。

　　＊　製造原価＝材料費・労務費・経費

2. 製品との関連による分類

　製品との関連による分類では、以下のように原価を分類します。

　　＊　製造原価＝直接費・間接費

3. 操業度との関連による分類

　操業度との関連による分類では、以下のように原価を分類します。

　　＊　製造原価＝変動費・固定費

直接材料費 直接労務費 直接経費	製造直接費 （素価）＊	製造原価	総　原　価
製造間接費			
販売費および一般管理費			

＊直接材料費＋直接労務費＝素価という場合もあります。

	財務会計における費用の発生を基礎とする分類、すなわち原価発生の形態による分類	
形態別分類	材料費	物品を消費することで発生する原価 (ex) 素材費（または原料費）、買入部品費、燃料費等
	労務費	労働役務の消費によって生ずる原価 (ex) 賃金、給与等
	経費	材料費、労務費以外の原価要素 (ex) 減価償却費、賃借料、修繕料、電力料等の諸支払経費等
製品との関連における分類		製品に対する原価発生の態様、すなわち原価の発生が一定単位の製品の生成に関して直接的に認識されるか否かの性質上の区分による分類
	直接費	特定製品の製造または販売のために<u>直接消費されたと認識された原価</u>をいう。直接材料費（主要材料費、買入部品費等）、直接労務費（直接賃金等）、直接経費（外注加工賃）に分類される。
	間接費	複数の製品の製造または販売のために共通的に発生し、<u>特定の製品に直接関連付けることができない原価</u>をいう。間接材料費（補助材料費、工場消耗品等）、間接労務費（直接工間接賃金、給与等）および間接経費（減価償却費、賃借料等）に分類される。

過去問 トライアル解答 　▶ **ウ**

☑チェック問題

　製造原価要素の分類にはいくつかのものがある。まず、原価発生の形態によって、原価要素は材料費、労務費、および経費に属する各費目に分類される。また、製品に対する原価発生の態様との関連によって、原価要素は固定費と変動費とに分類される。さらに、操業度の増減に対する原価発生の態様によって、原価要素は直接費と間接費とに分類される。　　　　　　　　　　　　　　　⇒×

▶ 「固定費と変動費」と「直接費と間接費」の説明が逆である。すなわち、製品に対する原価発生の態様との関連によって、原価要素は「直接費と間接費」とに分類される。さらに、操業度の増減に対する原価発生の態様によって、原価要素は「固定費と変動費」とに分類される。

2 原価計算の仕組み
製造原価明細書

このテーマの要点

製造原価を算定する！

当期総製造費用は、原材料費、労務費、経費の合計として
算定されます。そして、この当期総製造費用に期首仕掛品原
価を加え、期末仕掛品原価を控除すると当期製品製造原価が
算定されます。

そこで、このような内容を一覧表にした「製造原価明細書」
について説明していきます。

当期総製造費用
＝
原材料費
＋
労務費
＋
経　費

過去問 トライアル	平成20年度　第10問
	製造原価明細書
類題の状況	－

労務費に関する次の資料に基づいて、製造原価明細書の空欄AとBに入る数値の
計算式の組み合わせとして、最も適切なものを下記の解答群から選べ。

賃金：期首未払高3,600千円　　　当期支払高11,100千円　　　期末未払高2,500千円

製造原価明細書

（単位：千円）

Ⅰ	原材料費		（　　）
Ⅱ	労務費		A
Ⅲ	経　　費		（　　）
	当期総製造費用		B
	期首仕掛品たな卸高		8,200
	合　　計		（　　）
	期末仕掛品たな卸高		7,900
	当期製品製造原価		37,100

〔解答群〕

ア A：11,100＋2,500－3,600　　B：37,100＋7,900－8,200
イ A：11,100＋2,500－3,600　　B：37,100＋8,200－7,900
ウ A：11,100＋3,600－2,500　　B：37,100＋7,900－8,200
エ A：11,100＋3,600－2,500　　B：37,100＋8,200－7,900

1 製造原価の算定

　前ページの過去問トライアルの場合、労務費（10,000）は「当期支払高（11,100）＋期末未払高（2,500）－期首未払高（3,600）」という式で求めることになります。

前期に属する賃金を当期に支払ったので当期の賃金から除く

賃　金

当期支払高 11,100	期首未払高 3,600
	当期発生高 11,100＋2,500－3,600 ＝10,000
期末未払高　2,500	

当期末現在、従業員に支払っていないが、当期に属する賃金なので含める

当期総製造費用の金額

当期総製造費用＝原材料費＋労務費＋経費

当期製品製造原価（37,100）

＝「期首仕掛品原価（8,200）＋当期総製造費用（　B　）－期末仕掛品原価（7,900）」

以上より、アが解答となります。

製造原価明細書

（単位：千円）

Ⅰ　原材料費	（　　）
Ⅱ　労務費	A
Ⅲ　経　費	（　　）
当期総製造費用	B
期首仕掛品たな卸高	8,200
合　計	（　　）
期末仕掛品たな卸高	7,900
当期製品製造原価	37,100

期首（月初）仕掛品たな卸高＋当期（当月）総製造費用－期末（月末）仕掛品たな卸高
＝当期（当月）製品製造原価

期首製品たな卸高＋当期製品製造原価－期末製品たな卸高＝売上原価

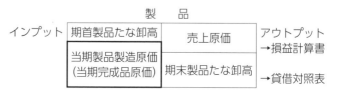

過去問 トライアル解答　ア

☑チェック問題

　製造原価明細書において、原材料費、労務費、および経費を合計したものが
当期総製造費用であり、これに期末仕掛品たな卸高を加算し、期首仕掛品たな
卸高を控除することにより、当期製品製造原価が計算される。　　　　⇒×

▶　「期末仕掛品たな卸高」と「期首仕掛品たな卸高」が逆である。すなわち、
　　当期総製造費用は、これに期首仕掛品たな卸高を加算し、期末仕掛品たな卸
　　高を控除することにより、当期製品製造原価が計算される。

3 原価計算の仕組み
個別原価計算

学 習 事 項 製造指図書による原価の把握

このテーマの要点

受注生産形態における原価の把握を理解する！

個別原価計算とは、個々の製品ごとに原価を計算することを意味します。これは、一般に受注生産形態において用いられる計算です。このとき、重要になるのが、製造指図書（さしずしょ）です。そこで、ここでは、製造指図書ごとにどのように原価を集計するかについて説明します。

過去問 トライアル	平成15年度　第9問
	個別原価計算
類題の状況	R03-Q7　H27-Q7　H24-Q7　H21-Q6

G社は個別原価計算制度を採用している。以下の原価計算表、製造勘定および付記条件をもとに売上原価を計算するとき、最も適切なものを下記の解答群から選べ。

原価計算表　　　　　　　　　　　　（単位：円）

	＃　1	＃　2	＃　3	合　計
前 月 繰 越	（　　　）	（　　　）	（　　　）	（　　　）
直 接 材 料 費	（　　　）	（　　　）	40,000	100,000
直 接 労 務 費	45,000	35,000	（　　　）	（　　　）
製 造 間 接 費	（　　　）	14,000	（　　　）	（　　　）
合 　 計	（　　　）	78,500	（　　　）	（　　　）

製　造　　　　　　　　　　　（単位：円）

前 月 繰 越	2,500	製 　 　 　 品	（　　　）
直 接 材 料 費	（　　　）	次 月 繰 越	85,000
直 接 労 務 費	（　　　）		
製 造 間 接 費	50,000		
	（　　　）		（　　　）

〈付記条件〉

(1) 製造間接費の配賦は直接材料費法による。

(2) 製造指図書別の製造・販売状況

製造指図書#1：前月製造着手、当月完成、引渡し済み

製造指図書#2：前月製造着手、当月完成、引渡し未済

製造指図書#3：当月製造着手、当月末仕掛中

(3) 製品の前月繰越高は存在しない。

〔解答群〕

ア 94,000円　　**イ** 95,500円　　**ウ** 98,000円　　**エ** 163,500円　　**オ** 172,500円

1 原価計算表の用語

原価計算表で使用される用語について押さえましょう。

用語	説明
前月製造着手	前月中にすでに着手していることを表します。したがって、基本的に前月繰越は0でない数値が入ります。
当月製造着手	当月に入り、新たに製造を始めたことを表します。したがって、前月繰越は0となります。
引渡し済み	顧客への引渡しが完了していることを指しますので、売上原価の対象となります。
引渡し未済	顧客への引渡しが完了していないことを指しますので、売上原価の対象とはなりません。
当月末仕掛中	当月中に完成していないことを指しますので、次月繰越の対象となります。

前ページの過去問トライアルでは、売上原価の金額が求められています。

売上原価=引渡し済みの原価=＃1に集計されている原価

原価計算表 (単位：円)

	＃1	＃2	＃3	合計
前 月 繰 越	（　　　）	（　　　）	（　　　）	（　　　）
直 接 材 料 費	（　　　）	（　　　）	40,000	100,000
直 接 労 務 費	45,000	35,000	（　　　）	（　　　）
製 造 間 接 費	（　　　）	14,000	（　　　）	（　　　）
合 計	（　　　）	78,500	（　　　）	（　　　）

製 造 (単位：円)

前 月 繰 越	2,500	製　　　品	（　　　）
直 接 材 料 費	（　　　）	次 月 繰 越	85,000
直 接 労 務 費	（　　　）		
製 造 間 接 費	50,000		
	（　　　）		（　　　）

① 製造勘定と付記条件(2)から、原価計算表の空欄となっている前月繰越合計は2,500円、製造間接費合計は50,000円、＃3原価合計は85,000円（次月繰越より）と判明します。

② 本問では、製造間接費の配賦において直接材料費法を用いています。

具体的には、直接材料費1円あたり〜円の製造間接費を配賦するという基準を採用しています。

したがって、製造間接費合計50,000円と直接材料費合計100,000円の関係から直接材料費1円に対して製造間接費が0.5円配賦されます。

そのため＃3製造間接費20,000円と＃2直接材料費28,000円を算定することができます。

③ 直接材料費合計から＃2・＃3に集計されている金額を控除することにより＃1の直接材料費32,000円を、これに0.5を掛けることにより製造間接費16,000円を算定することができます。また、＃3について、当月製造着手のため前月繰越は0であるため原価合計85,000円から直接材料費40,000円・製造間接費20,000円を控除することにより直接労務費は25,000円と判明し、直接労務費合計は105,000円となります。

④ 前月繰越合計2,500円、直接材料費合計100,000円、直接労務費合計105,000円、製造間接費合計50,000円の合計257,500円から＃2原価合計78,500円、＃3原価合計85,000円を控除することにより＃1の原価合計94,000円を算定すること

ができます。また、＃２前月繰越が1,500円となることから＃１の前月繰越は1,000円となるため、前月繰越1,000円、直接材料費32,000円、直接労務費45,000円、製造間接費16,000円の合計額として求めることもできます。

	＃　１	＃　２	＃　３	合　　計
前 月 繰 越	（④　1,000）	（④　1,500）	（③　　　0）	（①　2,500）
直 接 材 料 費	（③32,000）	（②28,000）	40,000	100,000
直 接 労 務 費	45,000	35,000	（③25,000）	（③105,000）
製 造 間 接 費	（③16,000）	14,000	（②20,000）	（①50,000）
合 計	（④94,000）	78,500	（①85,000）	（④257,500）

💬 OnePoint　直接材料費法

　直接材料費法とは、製造間接費を各製造指図書の直接材料費の比率で配賦する方法をいいます。この他にも、直接労務費を基準とする直接労務費法などもあります。製造間接費の配賦の方法については、状況によって異なるため、基本的には、問題文中に配賦方法の指示があります。

過去問 トライアル解答　**ア**

☑チェック問題

　当社は個別原価計算制度を採用している。当月の製造に関する製造指図書は#121、#122、#123、#124 で、消費した機械運転時間はそれぞれ100時間、900時間、700時間、200時間である。製造間接費は機械運転時間に基づいて予定配賦しており、本年度の製造間接費予算費が48,000千円（予定機械運転時間24,000時間）であるとすると、製造指図書#121に予定配賦される製造間接費は、200千円である。　　　　　　　　　　　　　　　　　　　　　　　　　　　⇒○

▶　製造間接費の予定配賦率は、48,000千円（製造間接費年間予算額）÷24,000時間（基準操業度）＝２千円/時間　である。よって、製造指図書#121に予定配賦される製造間接費は、100時間（#121の機械運転時間）×２千円/時間（予定配賦率）＝200千円　と計算される。

原価計算の仕組み
総合原価計算

学 習 事 項 月末仕掛品原価・完成品原価の算定

このテーマの要点

大量生産の場合の原価の算定を理解する！

総合原価計算は、一般に大量生産を行っている場合に用いる原価計算方法です。総合原価計算では、個別原価計算のように個々の製品ごとに製造原価を計算することはせず、製品の生産量（個数や kg 重量）を基準に製造原価を計算します。

具体的には、平均法や先入先出法などの方法によって月ごとに発生する月末仕掛品原価と完成品原価を求めます。

このとき、月末仕掛品原価と完成品原価は、便宜上、直接材料費と加工費に分けて計算したものを合計して求めます。なお、加工費を計算する場合、加工作業の進捗度を踏まえた計算を行うことが必要になるので注意してください。

大量生産における原価の計算

総合原価計算
●製品の生産量を基準に製造原価を計算します。 ●具体的には、平均法や先入先出法などによって月末仕掛品原価と完成品原価を求めます。便宜上、直接材料費と加工費に分けて計算したものを合計します。

過去問 トライアル	平成18年度　第8問
	総合原価計算
類題の状況	R05-Q10　H29-Q8　H27-Q8　H25-Q11　H23-Q10

　M社は甲製品を単一工程で大量生産している。材料はすべて工程の始点で投入している。月末仕掛品の評価は平均法による。次の資料は甲製品の当月分の製造に関するものである。当月分の甲製品の完成品原価として最も適切なものを下記の解答群から選べ（単位：千円）。

〈数量データ〉（注）（　）内は加工進捗度を表す。

月初仕掛品	900kg	（35％）
当月投入	1,100	
合計	2,000kg	
月末仕掛品	800	（50％）
完成品	1,200kg	

〈原価データ〉

	直接材料費	加工費
月初仕掛品	7,000千円	1,600千円
当月製造費用	9,000千円	6,400千円

〔解答群〕

ア 8,400千円　　　イ 15,600千円　　　ウ 16,250千円　　　エ 18,400千円

1 総合原価計算の流れ

総合原価計算の流れを以下の図表に示します。（図表中の具体的な数値は、前ページの過去問トライアルの与件データを記入したものです。）

総合原価計算では、製造原価を**直接材料費**と**加工費**に分けて計算を行います。

直接材料費は、製品の製造過程にかかわらず投入時点で発生する原価であり、完成品原価と月末仕掛品原価への分配において製品の実際数量で配分することができます。

加工費は、製品の製造の進捗に応じて発生する原価であり、製造途上である月末仕掛品と完成品との配分を同一の基準で行うことはできません。このため、加工費の配分において、仕掛品については完成品換算量を用います。完成品換算量とは、仕掛品の製造の進捗度（**加工進捗度**）をもとに算定した仕掛品の数量であり、仕掛品の実際数量に加工進捗度を乗じて計算します。

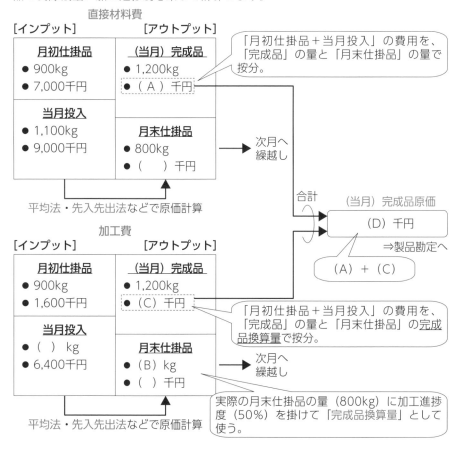

直接材料費

[インプット]　　　　　[アウトプット]

月初仕掛品
- 900kg
- 7,000千円

（当月）完成品
- 1,200kg
- （ A ）千円

「月初仕掛品＋当月投入」の費用を、「完成品」の量と「月末仕掛品」の量で按分。

当月投入
- 1,100kg
- 9,000千円

月末仕掛品
- 800kg
- （　　）千円

次月へ繰越し

平均法・先入先出法などで原価計算

加工費

[インプット]　　　　　[アウトプット]

月初仕掛品
- 900kg
- 1,600千円

（当月）完成品
- 1,200kg
- （C）千円

当月投入
- （　　）kg
- 6,400千円

月末仕掛品
- （B）kg
- （　　）千円

「月初仕掛品＋当月投入」の費用を、「完成品」の量と「月末仕掛品」の完成品換算量で按分。

次月へ繰越し

実際の月末仕掛品の量（800kg）に加工進捗度（50%）を掛けて「完成品換算量」として使う。

平均法・先入先出法などで原価計算

合計

（当月）完成品原価

（D）千円

⇒製品勘定へ

（A）＋（C）

● OnePoint　ボックス図

　上図のようなインプットとアウトプットを対比させた図を**ボックス図**といいます。試験で計算問題を解く際には、ボックス図を描くことで与えられた条件を整理することができます。

　ボックス図は、当期首残高（残）⇒当期の増加分（増）⇒当期の減少分（減）⇒当期末残高（残）のようなバランスを整理する際に一般的に使用できるものです。

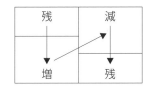

2　総合原価計算の計算法

　総合原価計算の計算方法には、「平均法」、「先入先出法（ＦＩＦＯ法)」などがあります。

　平均法とは、月初仕掛品原価を当月に投入した原価として扱い、月初仕掛品原価と当月投入原価を合計して平均化し、その中から月末仕掛品原価を計算する方法です。

　先入先出法（ＦＩＦＯ法）は、月初仕掛品から先に完成させていくと仮定する方法です。したがって、まずは月初仕掛品原価を完成品原価へ計上し、次に当月投入原価を投入が古い順に完成品原価へ計上していく方法です。

　同じ製造であっても、採用する総合原価計算の計算法が異なると、計算結果の原価も違ってくることになります。

（過去問トライアルの解説）
① 直接材料費

$$\frac{\text{月初仕掛品直接材料費（7,000千円）＋当月直接材料費（9,000千円）}}{\text{完成品数量（1,200kg）＋月末仕掛品数量（800kg）}}$$

　　×完成品数量（1,200kg）＝9,600千円

② 加工費

$$\frac{\text{月初仕掛品加工費（1,600千円）＋当月加工費（6,400千円）}}{\text{完成品数量（1,200kg）＋月末仕掛品完成品換算量（800kg×50％）}}$$

　　×完成品数量（1,200kg）＝6,000千円

③ 完成品原価

　　直接材料費（9,600千円）＋加工費（6,000千円）＝15,600千円

ボックス図で示すと、以下のようになります。

直接材料費

（月初仕掛品）	（完成品）
＋	1,200kg
（当月投入）	9,600千円
2,000kg	
16,000千円	
	（月末仕掛品）
	800kg
	6,400千円

加工費

（月初仕掛品）	（完成品）
＋	1,200kg
（当月投入）	6,000千円
∴1,600kg	
8,000千円	
	（月末仕掛品）
	400kg
	2,000千円

● OnePoint　先入先出法の場合

過去問トライアルを先入先出法で解くと次のようになります。

①直接材料費（月末仕掛品）

$$\frac{\text{当月製造費用の直接材料費（9,000千円）}}{\text{完成品数量（1,200kg）＋月末仕掛品数量（800kg）－月初仕掛品数量（900kg）}}$$

×月末仕掛品数量（800kg）≒6,545千円

②加工費（月末仕掛品）

$$\frac{\text{当月加工費（6,400千円）}}{\text{完成品数量（1,200kg）＋月末仕掛品完成品換算量（400kg）－月初仕掛品完成品換算量（315kg）}}$$

×月末仕掛品完成品換算量（400kg）≒1,992千円

③完成品原価

　　月初仕掛品原価（7,000千円＋1,600千円）＋当月製造費用（9,000千円＋6,400千円）－月末仕掛品原価（6,545千円＋1,992千円）＝15,463千円

直接材料費	
(月初仕掛品)	(完成品)
900kg	1,200kg
7,000千円	9,455千円
(当月投入)	
1,100kg	
9,000千円	
	(月末仕掛品)
	800kg
	6,545千円

加工費	
(月初仕掛品)	(完成品)
315kg	1,200kg
1,600千円	6,008千円
(当月投入)	
1,285kg	
6,400千円	
	(月末仕掛品)
	400kg
	1,992千円

　先入先出法の計算式の分数部分と仕掛品勘定を対応させると次のようになります。

$$\underbrace{\underbrace{(完成品数量-月初仕掛品数量)}_{a}+\underbrace{月末仕掛品数量}_{b}}_{}×月末仕掛品数量$$

の上に「当月直接材料費」

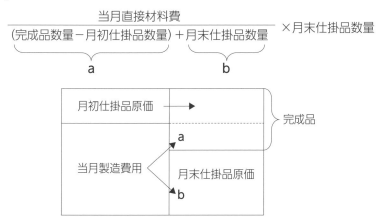

☑チェック問題

当社は製品を単一工程で大量生産している。当月分の製造について、材料はすべて工程の始点で投入している。月初仕掛品はなく、当月投入1,200kg、月末仕掛品500kg（加工進捗度40％）、完成品700kg、直接材料費48,000千円、加工費45,000千円　とすると、完成品原価は、54,250円である。　　　⇒×

▶　直接材料費48,000千円は、月末仕掛品500kgと完成品700kgの数量比で按分されるので、完成品の直接材料費＝48,000千円×700kg÷（500kg＋700kg）＝28,000千円　となる。加工費45,000千円は、月末仕掛品200kg（＝500kg×加工進捗度40％）と完成品700kgの数量比で按分されるので、完成品の加工費＝45,000千円×700kg÷（200kg＋700kg）＝35,000千円　となる。よって、完成品原価＝28,000千円＋35,000千円＝63,000千円　と計算される。

MEMO

5 原価計算の仕組み
標準原価計算

学 習 事 項 実際原価, 標準原価, 原価差異

このテーマの要点

標準原価の概念と意義を理解する！

工場などでは、原料などを仕入れたり従業員に賃金を支払う場合、標準的な原価（標準原価）を設定していることがあります。

この標準原価を算定することによって、実際に発生した材料費や労務費と比較して、どれくらいコストが削減できたか、あるいは上回っ

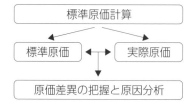

てしまったかを把握することができ、原価の管理に役立てることができます。

そこで、ここではこうした標準原価計算について説明します。

過去問トライアル	平成17年度　第7問
	標準原価計算
類題の状況	R05-Q10(再)　H29-Q9　H28-Q7　H25-Q10　H19-Q8

　H製造所では標準原価計算を採用している。直接材料は工程の始点で全部投入する。次の資料に基づいて、直接材料費差異を計算し、その金額として最も適切なものを下記の解答群から選べ。

　　直接材料費標準（製品1個あたり）：4 kg×@10千円＝40千円

　　当月実際直接材料費：355kg×@11千円＝3,905千円

　　当月生産数量：月初仕掛品 10個、月末仕掛品 20個、完成品 80個

〔解答群〕

ア −305千円（不利差異）　　　**イ** −95千円（不利差異）

ウ 95千円（有利差異）　　　　**エ** 305千円（有利差異）

1 標準原価計算の流れ

❶ 原価標準の設定

原価標準とは、製品1個あたりの標準的な原価です。標準原価計算では、まず各製造指図書ごと、または製造過程が同種である製品ごとに原価標準を設定します。原価標準は、過去の原価データから推定される数値とすることが通常ですが、達成目標として設定されることもあります。

❷ 標準原価の計算

原価標準（製品1個あたりの標準的な原価）をもとに、標準原価（当月における完成品標準原価と月末仕掛品標準原価）を設定します。標準原価は、各原価要素ごとに「価格×数量」で計算されます。このとき、実際に発生した製造原価は使用しません。

❸ 実際原価の計算

製品の製造に実際にかかった原価（実際原価）を計算します。

❹ 原価差異の把握と原因分析

完成品と月末仕掛品について、標準原価から実際原価を差し引いた差額を原価差異（または標準原価差異）といいます。標準原価計算では、月末において、原価差異を把握するとともに原価差異を分析し、差異の原因を明らかにします。

なお、原価差異がプラスとなった（頑張って実際原価が標準原価を下回った）場合を有利差異、マイナスとなった（頑張りが足りず実際原価が標準原価を上回った）場合を不利差異といいます。

● OnePoint　標準原価計算の流れ

標準原価計算の流れは、以下の通りとなります。

原価標準の設定 → 標準原価の計算 → 実際原価の計算 → 原価差異の把握 → 原価差異の原因分析

---

2 原価差異の把握・分析

① 直接材料費差異の分析

直接材料費差異は、価格差異（材料の購入単価が予定と異なったことによって発生した原価差異）と数量差異（製品1個あたりの製造に消費した材料の量が予定と異なったことによって発生した原価差異）に分けられます。

② 直接労務費差異の分析

直接労務費差異は、賃率差異（賃率が予定と異なったことによって発生した原価差異）と作業時間差異（製品1個あたりの製造に消費した直接作業時間が予定と異なったことによって発生した原価差異）に分けられます。直接労務費差異（賃率差異と作業時間差異）は、以下のような図表で整理することができます。

● OnePoint　製造間接費の原価差異

直接材料費差異、直接労務費差異のほか、「製造間接費」についても原価差異の把握・分析を行うことができますが、多少複雑になりますので、ここでは説明を省略します。

（過去問トライアルの解説）

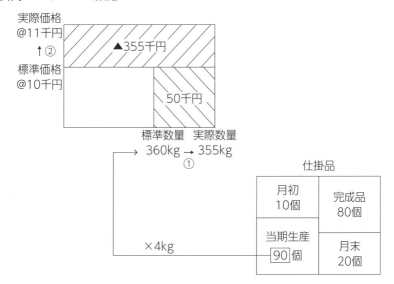

過去問 トライアル解答　ア

☑チェック問題

　G工業株式会社は標準原価計算を採用している。製品１個あたりの原価標準は、直接材料費が３kg×@5,000円＝15,000円、直接労務費は４時間×@1,100円＝4,400円で合計19,400円である。当月の数量データは、月初仕掛品80個（進捗度：50％）、当月投入500個、合計580個、月末仕掛品50個（進捗度：20％）、完成品530個である。当月実績が、実際賃率1,150円/時間、実際作業時間1,940時間であるとき、当月の直接労務費差異は、31,000円の有利差異である。　　　　　　　　　　　　　　⇒×

▶　直接労務費の数量データは、月初仕掛品完成品換算量40個（＝80×50％）、完成品数量530個、月末仕掛品完成品換算量10個（＝50×20％）、当月投入換算量500個（＝10＋530－40）である。

　　当月投入換算量である500個に対する作業時間は2,000時間（４時間×500個）となる。賃率差異＝（1,100−1,150）×1,940＝−97,000円、作業時間差異＝1,100×（2,000−1,940）＝66,000円となり、直接労務費差異＝賃率差異（−97,000円）＋作業時間差異（＋66,000円）＝−31,000円の不利差異である。

第 **8** 分野

ファイナンス

ファイナンス

1 各テーマの関連

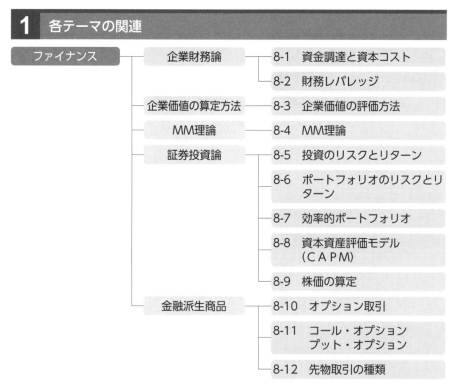

　企業は、どのような事業を行うにしろ、まずは資金を調達する必要があります。この資金調達に関する理論を「企業財務論」といいます。企業からすれば、コスト最小の方法で資金を調達しようと考えます。それによって企業価値を最も高める資本構成を考えるのが、企業財務論の目的です。また、その前提としての企業価値の算定方法や、獲得利益をどのように投資家に還元するかについても企業財務論に含まれます。

　逆に、企業側ではなく企業に投資を行う投資家側の視点にたった理論を「証券投資論」といいます。企業からすれば、投資家がどのような思考で投資を行うか知ることにより、自身の資金調達方法の決定に資することになります。

なお、証券投資論でいう証券とは、企業の発行する株式や社債、さらには国債などの証券やデリバティブ取引による金融派生商品まで様々なものがありますが、このうち、「金融派生商品」については、企業が事業活動を遂行する上で直面する様々な財務上のリスクを回避する観点で重要な論点となります。

本分野では、ファイナンス分野の主要な論点である「企業財務論」、「証券投資論」、および「金融派生商品」について説明します。

2 出題傾向の分析と対策

❶ 出題傾向

#	テーマ	H26	H27	H28	H29	H30	R01	R02	R03	R04	R05
8-1	資金調達と資本コスト	1	1	1	1	1	1	1	1	1	
8-2	財務レバレッジ	1				2					
8-3	企業価値の評価方法	1							1	1	
8-4	MM理論		2		1		2		1		3
8-5	投資のリスクとリターン										
8-6	ポートフォリオのリスクとリターン	1	1	1		1		1		1	1
8-7	効率的ポートフォリオ			2	2				1		
8-8	資本資産評価モデル（CAPM）		1	1	1		1				
8-9	株価の算定	1		1	1				1		
8-10	オプション取引	1									
8-11	コール・オプション プット・オプション				1	1		1	1		
8-12	先物取引の種類				1	2				1	1

❷ 対策

「ファイナンス」の分野においては、基本知識として、資本構成や資本コスト、金融派生商品の特徴などが多く問われます。また、計算問題としては、加重平均資本コスト（WACC）、資本資産評価モデル（CAPM）、配当割引モデル（DDM）、企業価値、金融派生商品（先物取引、オプション取引）などの計算が頻出です。

対策としては、まず、資本構成や資本コスト、金融派生商品の特徴などの重要論点について、その意義をしっかり理解してください。そして、加重平均資本コスト（WACC）、資本資産評価モデル（CAPM）、配当割引モデル（DDM）、企業価値、金融派生商品（先物取引、オプション取引）などの計算については、単に公式を暗

記するのではなく、どのような意義を持つ計算なのかをしっかり理解した上で、テキストの例題や問題集で代表的な計算例に触れ、自分でも計算できるように練習をしてください。

MEMO

企業財務論
1 資金調達と資本コスト

学習事項 企業の資金調達方法，資本コスト，WACC

このテーマの要点

企業の資金調達方法の概要を押さえる！

外部から資金を集めることは、企業を運営する上で重要になります。

資金調達方法としては大きく2つに分かれます。1つ目は、資本（自己資本）による調達が挙げられます。具体的には株式の発行による調達方法のことをいいます。2つ目は負債

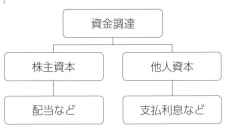

（他人資本）による調達が挙げられます。負債による調達とは、社債の発行、金融機関からの借入れによる資金の調達のことです。

そして、自己資本の資本コストを自己資本コスト、他人資本の資本コストを負債コストといいます。

本テーマでは、資金調達方法の概要と、資本コストの算定方法について学習します。

過去問トライアル	平成20年度　第15問
	普通社債の資本コスト
類題の状況	R04-Q14　R03-Q15　R02-Q20　R01-Q21　H30-Q13 H29-Q24　H28-Q14　H27-Q14　H26-Q5　H23-Q14 H23-Q15　H23-Q16　H21-Q12　H21-Q15　H20-Q16 H17-Q14

K社は次の条件で、普通社債を発行した。この普通社債の資本コスト（r）を算定するための計算式として最も適切なものを下記の解答群から選べ。ただし、税金は考えないものとする。また、式において－（マイナス）はキャッシュ・アウトフローを意味している。

・額面100円につき97円で発行

・償還期限3年

・クーポンレート4％（1年後より年1回支払）

・社債発行費は額面100円につき2円（発行時に現金支払）

〔解答群〕

ア $\quad 95 - \dfrac{3.88}{(1+r)} - \dfrac{3.88}{(1+r)^2} - \dfrac{103.88}{(1+r)^3} = 0$

イ $\quad 95 - \dfrac{4}{(1+r)} - \dfrac{4}{(1+r)^2} - \dfrac{104}{(1+r)^3} = 0$

ウ $\quad 97 - \dfrac{3.88}{(1+r)} - \dfrac{3.88}{(1+r)^2} - \dfrac{103.88}{(1+r)^3} = 0$

エ $\quad 97 - \dfrac{4}{(1+r)} - \dfrac{4}{(1+r)^2} - \dfrac{104}{(1+r)^3} = 0$

1 企業の資金調達と資本コスト

　企業が外部から資金を調達するにはコストがかかります。この資金調達のコストを資本コストといい、資本調達するときに必要となるコストの調達金額に対する割合に当たります。資本コストは資金調達方法により、自己資本（株式の発行）による調達と、他人資本（社債発行・金融機関からの借入れ）による調達に分けることができ、それぞれの資本コストを株主資本コスト、他人資本コスト（負債コスト）といいます。

　一般的には、投資家の方がリスクは高いことから、株主資本コストの方が他人資本コストよりも高くなります。

【8-1-1　資本コスト】

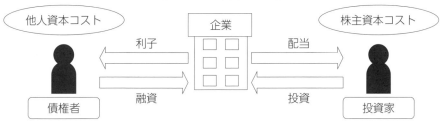

8

ファイナンス

①企業の資金調達は、外部資本調達以外に内部資本調達というのもあります。
　内部資本での調達は、減価償却（減価償却費は現金の支出が発生せず、その
　額が資本調達される）、利益留保等が挙げられます。

②債権者は契約に基づいて融資をしています。会社が倒産した場合、株主より
　も債権者への返済が優先されます。
　よって投資家の方がリスクは高くなることから、株主資本コストの方が高くな
　ります。

2　加重平均資本コスト（WACC）

　企業は複数の資金調達方法を行っており、それぞれの資本コストは統一されてい
ません。そこで企業全体での資本コストを算定するには、資金調達ごとの資本コス
トを資金調達の割合で加重平均する必要があります。

　この加重平均された値を、加重平均資本コスト（WACC）といいます。

〈WACCの考え方〉

	D　負債	} D＋E
	E　自己資本	ウェイト

加重平均資本コスト＝ $\dfrac{E}{E+D} r_e + \dfrac{D}{E+D} r_d \times (1-t)$

E＝自己資本　D＝他人資本　t＝税率
r_e＝自己資本コスト　r_d＝負債コスト

　自己資本コストは、CAPM（資本資産評価モデル）または、DDM（割引配当
モデル）から算出することができます。

（詳しくは、「8-8　資本資産評価モデル（CAPM）」参照）

〈資本コストでの注意点〉

　負債コストは、貸借対照表上のすべての負債にはなりません。通常、有利子負債
が対象となります。（1-t）を掛けている理由は、負債の利子が費用（営業外費用）
として損金扱いになるために、その分、税金の負担が減少するからです。

　株主資本コストは、配当という形で支払われますが、この配当は当期純利益から
支払われるため、費用計上できません。そのため（1-t）を掛けないことになり
ます。

【例題】（平成 17 年第 14 問　改題）
　次のＹ株式会社の資料に基づき、最も適切な加重平均資本コストを下記の解答群から選べ。税率は 40％とする。

　税引き前コスト
　　負債のコスト　　　　　6％
　　自己資本のコスト　　　9％

　財務データ（単位：万円）
　　負債　　　　帳簿価値　4,000　（時価　4,000）
　　自己資本　　帳簿価値　6,000　（時価　8,000）

〔解答群〕
ア　6.0%　　**イ**　7.2%　　**ウ**　7.8%　　**エ**　8.0%

（解法）

　本問における加重平均資本コストは次のように計算されます。時価評価する点に注意しましょう。

　加重平均資本コスト
　　＝　負債　4,000　÷　（負債4,000　＋　自己資本　8,000）
　　　　×　税引き前負債コスト　6％　×　（1－税率40％）
　　　　＋　自己資本　8,000　÷　（負債4,000　＋　自己資本　8,000）
　　　　×　自己資本コスト　9％
　　＝　1　÷　3　×　6％　×　0.6　＋　2　÷　3　×　9％
　　＝　1.2％＋6.0％
　　＝　7.2％

ファイナンス

（過去問トライアルの解説）

　社債発行の時点で、97円から、社債発行費２円を差し引いた95円が入金されます。３年間、毎年利息の４円を支払い、３年後には100円を支払うこととなります。現在95円を入金するために、１年後、２年後にそれぞれ４円の利息を支払い、３年後に104円を支払うことになりますので、資本コストをｒとすると、次の式が成り立つことになります。

$$95 - \frac{4}{(1+r)} - \frac{4}{(1+r)^2} - \frac{104}{(1+r)^3} = 0$$

入金と支払いのイメージ

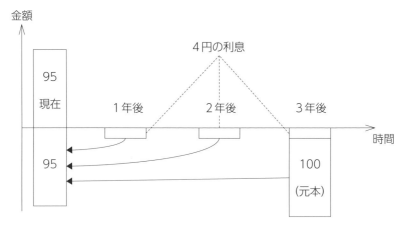

過去問 トライアル解答　イ

☑チェック問題

　資本構成および資本コスト（税引前）が、長期借入金について30％、５％、社債が20％、５％、株式は10％、10％、留保利益として40％、12％の場合、加重平均資本コスト（ＷＡＣＣ）は５％である。なお、実効税率は40％とする。

⇒×

▶　長期借入金と社債について節税効果を考慮する必要があり、（長期借入金）30％×５％×（１−0.4）＋（社債）20％×５％×（１−0.4）＋（株式）10％×10％＋（留保利益）40％×12％＝7.3％　である。

MEMO

企業財務論
2 財務レバレッジ

学習事項 財務レバレッジ，財務レバレッジ効果

このテーマの要点

財務レバレッジ効果を理解する！

企業の成長には、投資が必要です。投資される資金には、自己資本と他人資本が挙げられます。自己資本は、資本金や内部留保された資金、他人資本は返済義務が必要とされ借入れ等に当たります。そして、これらの自己資本と他人資本を合算した総資本が自己資本の何倍あるかを表す指標が、財務レバレッジです。ここでは財務レバレッジの概要を理解し、また負債の特性と財務レバレッジ効果について学習します。

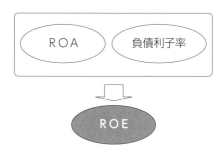

過去問 トライアル	平成30年度　第21問
	財務レバレッジ効果
類題の状況	H26-Q15　H24-Q17　H19-Q17(1)

以下の損益計算書について、下記の設問に答えよ。

損益計算書

営業利益	150	百万円
支払利息	50	
税引前利益	100	百万円
税金（40％）	40	
税引後利益	60	百万円

なお、当期の総資産は1,500百万円（＝有利子負債1,000百万円＋株主資本500百万円）とする。

また、当社ではROAを営業利益÷総資産と定義している。

（設問1）

　営業利益は経営環境によって変動する。したがって、投下資本を一定とした場合、それに応じてROAも変動する。ROAが15%に上昇した場合、ROEは何%になるか、最も適切なものを選べ。

ア　17%

イ　21%

ウ　35%

エ　39%

（設問2）

　ROAの変動に対してROEの変動を大きくさせる要因として、最も適切なものはどれか。

ア　安全余裕率

イ　売上高営業利益率

ウ　負債比率

エ　流動比率

1 　財務レバレッジ

　財務レバレッジとは、自己資本に対して何倍の大きさの総資本を事業に投下しているかを示す数値になります。すなわち、財務レバレッジは自己資本比率の逆数になります。

　例えば、総資本10億円、自己資本4億円の会社の財務レバレッジは10億円÷4億円で2.5倍となります。つまり、財務レバレッジを大きくするには、負債を大きくすることで数値は上昇します。

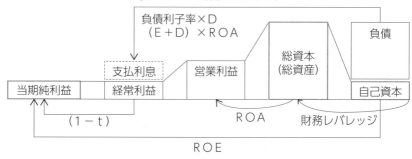

【8-2-1　財務レバレッジ】

ROA＝営業利益／総資本
ROE＝当期純利益／自己資本

　自己資本利益率（ROE）は、「売上高当期純利益率×総資本回転率×財務レバレッジ」でも算出されます。

2　財務レバレッジ効果

　総資本営業利益率は、資金調達方法に関係なく決定されます。この営業利益から負債に対する支払利子を控除し、法人税の支払額を差し引いた残額が当期純利益となります。そして、この当期純利益を自己資本で割ることで算定されるのが、自己資本利益率となります。

> （営業利益－支払利息）×（1－税率）＝当期純利益

　負債の利子は企業の成長に関係なく一定にあります。このため、企業が成長し総資本利益率が上昇傾向にあるときは、当期純利益は大きく増加し自己資本利益率も大きくなります。逆に、企業が減益傾向にあり総資本利益率が下降傾向にあるときは、当期純利益を大きく減少させ自己資本利益率も小さくなります。このように、負債比率は自己資本利益率に影響を与えることが分かります。

　負債の利用により、ROE（自己資本利益率）やEPS（1株あたり当期純利益）を引き上げる効果を財務レバレッジ効果といいます。他方、財務レバレッジにより、財務リスクの負担が増加し、ROEの期待値のばらつきも大きくなります。

　財務レバレッジ効果を示す算式は試験対策上重要になるので、必ず押さえておきましょう。

$$ROE = (1-t)\{ROA + (ROA - i) \times D/E\}$$
　　E：自己資本　D：負債　D／E：負債の利用度（負債比率）
　　i：負債利子率　ROA：総資本営業利益率　t：実効税率

①ROA＜i（不況期）→D／E増幅　→　ROEが小さくなる
　→負債利用は不利　→財務レバレッジがマイナスの方向に働く。
②ROA＞i（好況期）→D／E増幅　→　ROEが大きくなる
　→負債利用は有利　→財務レバレッジがプラスの方向に働く。

●OnePoint　**ROEの上昇**

　ROEは意図的に良くすることができるということになります。
　ROEの上昇は株主にとっての資本効率、収益性が上昇し、期待分配率も増加することになります。

（過去問トライアルの解説）

（設問1）

　与件に示された損益計算書より特別損益がないので、ROAが変動した場合のROEを求めるために次式に示す財務レバレッジ効果の公式を用いることができる。

$$ROE = (1-t)\{ROA + (ROA - i) \times D/E\}$$
E：自己資本、D：負債、i：負債利子率、t：実効税率

　有利子負債（1,000百万円）と支払利息（50百万円）から負債利子率 i を計算する。

$$i = \frac{50百万円}{1000百万円} = 5\%$$

　財務レバレッジ効果の公式に、各項の数値（ROA：15％、D：1,000百万円、E：500百万円、t：40％、i：5％）を代入することにより、ROAが15％に上昇した場合のROEを以下のように求める。

$$ROE = (1-0.4)\left\{0.15 + (0.15 - 0.05) \times \frac{1000百万円}{500百万円}\right\}$$

$$=21\%$$

　よって、イが正解である。

（設問2）

　上記の財務レバレッジ効果の公式で、D／Eは負債比率（負債／自己資本）なので、次のように表すことができる。

$$ROE = (1-t)\{ROA + (ROA - i) \times 負債比率\}$$

　この式より、負債比率が係数として掛かっているためROAの変動に対してRO

Eが大きく変動することが分かる。

　また、影響の方向はROAとiの値により変わる。

　ROA＜iのとき（不況期）には、負債比率（D／E）によりROAの減少が増幅されてROEが小さくなり、負債の利用は不利になる。つまり財務レバレッジがマイナスの方向に働く。

　ROA＞iのとき（好況期）には、負債比率（D／E）によりROAの増加が増幅されてROEが大きくなり、負債の利用は有利になる。つまり財務レバレッジがプラスの方向に働く。

　よって、ウが正解である。

過去問 トライアル解答 **(1)イ**
(2)ウ

☑チェック問題

　現在X社は、負債4億円と株主資本6億円の資本調達をして事業活動を行っており、その税引前総資本営業利益率（ROA）は12％である。負債利子率は6％である。市場は完全で税金は存在しないものとする。このとき、ROEは16％である。　　　　　　　　　　　　　　　　　　　　　　　　　　　　⇒○

▶　ROE算定の基本公式より、ROE＝（1－税率0％）｛ROA12％＋（ROA12％－負債利子率6％）×負債4億円／自己資本6億円｝＝12％＋4％＝16％　と計算される。

3　企業価値の算定方法
企業価値の評価方法

学習事項　企業価値，企業価値評価手法，ＤＣＦ

このテーマの要点

企業価値の算出方法を理解！

企業価値や、企業価値を意識した経営が、注目されるようになりました。経営者にとっては、企業価値を高めることが重要な役目になります。企業価値を高めるということは、つまり株主、債権者にとっての価値を高めることになるからです。

また、企業価値の算出は、大企業やM＆A目的だけでなく、自社の価値を把握して問題点を分析・課題を立案するという観点から、中小企業にとっても重要です。本テーマでは企業価値の概要とその算出方法について学習します。

過去問 トライアル	平成23年度　第20問（設問1）
	企業評価の手法
類題の状況	R04-Q19　R03-Q22⑴　H26-Q20　H22-Q12　H22-Q14

次の文章とデータに基づいて、下記の設問に答えよ。

　企業評価の手法には、バランスシート上の純資産価値に着目するアプローチのほか、DCF法や収益還元方式に代表される　A　アプローチ、PERやPBRといった評価尺度を利用する　B　アプローチなどがある。以下のデータに基づいて、　A　アプローチの1つである配当割引モデルによって株式価値評価を行うと、株式価値は　C　と計算される。また、PBRは　D　倍と計算される。
　なお、自己資本コストはCAPMにより算出する。

・総資産簿価　　　　　1億円
・負債　　　　　　　　6,000万円
・当期純利益　　　　　500万円
・予想1株あたり配当額　30円
・発行済み株式数　　　10万株
・株価　　　　　　　　500円
・β値　　　　　　　　2
・安全利子率　　　　　2%
・期待市場収益率　　　6%

（設問）

　文中の空欄AおよびBに入る語句の組み合わせとして、最も適切なものを下記の解答群から選べ。

　a　2パラメーター
　b　インカム
　c　オプション
　d　コスト
　e　マーケット

〔解答群〕

ア　A：a　　B：e
イ　A：b　　B：a
ウ　A：b　　B：e
エ　A：d　　B：c
オ　A：e　　B：a

1　企業価値

　企業価値を負債の価値と株式の価値の合計と考えます。この場合、企業価値の増大は、負債価値の増大もしくは株式価値（株価）の増大によってもたらされます。

企業価値＝負債価値＋株式価値

　負債価値・株式価値のそれぞれの特性から、企業価値を最大化させることは株価の最大化と同じことになります。

　企業価値は通常、負債価値と株式価値の合計として算出されます。しかし、負債価値は通常、簿価と等しく、企業価値に与える影響は少なく、このため企業価値を株式価値と同義と捉える見解もあります。過去の本試験でもこのような見解がとられたこともあり、注意が必要です。

　この場合、企業価値＝株式価値であることが問題文で明記されています。

2　企業価値評価手法

　企業価値評価には大別すると3つの手法があります。

❶ ストック（コスト）・アプローチ（純資産方式）

　企業のストックである純資産に基づいて株式価値を評価します。資産の評価方法の違いにより、取得原価法（簿価法）や修正簿価法があります。

　　取得簿価法：株式価値＝総資産（簿価）－総負債（簿価）
　　修正簿価法：株式価値＝総資産（時価）－総負債（簿価）

❷ インカム（フロー）・アプローチ（収益還元方式）

　企業の将来の財務数値フロー（主にキャッシュ・フロー）に基づいて企業価値や株式価値を算定する手法です。企業の当期純利益を基礎とした収益還元法などがあります。

　　収益還元法：株式価値＝当期純利益÷期待収益率

❸ マーケット・アプローチ

　市場において成立している株価、これをもとにした指標に基づいて相対的に企業価値や株式価値を算定する手法です。株式価値総額を株式価値とする株式市価法などがあります。

　　株式市価法：株式価値＝株式時価総額＝発行済株式総数×株価

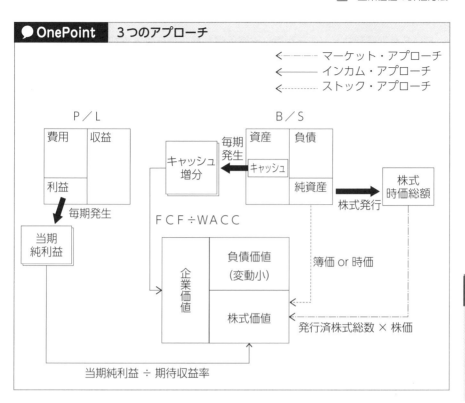

● OnePoint　企業価値

①企業価値の算定は、手法によっては異なる値となります。

②証券投資論における配当割引モデル（DDM）は、インカム・アプローチによる株式算定モデルの１つになります。

3　DCF（割引キャッシュ・フロー）法

　企業への投資という観点に着目し、投資価値算定の手法を用いて企業価値を算定しようとする手法の一種が、DCF（割引キャッシュ・フロー）法です。企業価値を投資価値として捉え、将来のキャッシュ・フローの期待値を投資のキャッシュ・フロー、必要収益率を金利として企業価値を算出します。必要収益率は企業の加重平均資本コストを用います。

$$
企業価値 = \frac{フリーキャッシュ・フロー（FCF）}{加重平均資本コスト（WACC）}
$$

FCF＝営業利益×（1－税率）＋減価償却費－運転資本増加額－設備投資額
運転資本増加額＝売上債権の増加額＋棚卸資産の増加額－仕入債務の増加額

【8-3-1　DCF法とその他企業価値評価方法】

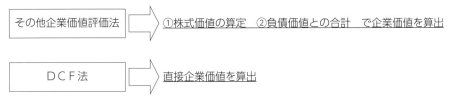

その他企業価値評価法 ⟹ ①株式価値の算定　②負債価値との合計　で企業価値を算出

DCF法 ⟹ 直接企業価値を算出

DCF法はインカム・アプローチの代表的な手法です。

過去問 トライアル解答 ➤ ウ

☑チェック問題

　企業評価の手法には、バランスシート上の純資産価値に着目するアプローチのほか、DCF法や収益還元法に代表されるインカム・アプローチ、PERやPBRといった評価尺度を利用するマーケット・アプローチなどがある。　⇒○

▶　代表的な企業評価の手法には、バランスシート上の純資産価値に着目する「ストック（コスト）・アプローチ」、DCF法や収益還元法に代表される将来の収益性などを基礎とする「インカム・アプローチ」、証券市場において流通している株式の時価を基礎とするPERやPBRといった評価尺度を利用する「マーケット・アプローチ」がある。

MEMO

MM理論
MM理論

学習事項 MM理論，完全資本市場，MM理論の修正

このテーマの要点

負債を借りるほど企業は有利？

企業価値のテーマで、企業価値はFCFをWACCで割ることで算出できることを学びました。ここで、WACCに着目した理論が、モジリアーニとミラーが提唱したMM理論です。MM理論では、企業価値を最大化さ

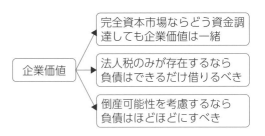

せるために、WACCを最小化させることに着目しています。

MM理論は、法人税を考慮しない場合と、考慮する場合、さらに企業の倒産を考慮した場合の3つの場合で結論が異なるため、よく注意して覚えてください。

過去問トライアル	平成24年度　第17問（設問2）
	法人税が存在する場合の企業価値の変化
類題の状況	R05-Q15⑴⑵　R05-Q19(再)　R03-Q17　R01-Q22⑴⑵ H29-Q17　H27-Q13⑴⑵　H22-Q14　H20-Q18

現在、X社は総資本10億円（時価ベース）の全額を株主資本で調達して事業活動を行っており、その税引前総資本営業利益率は12％である。また、ここでの税引前営業利益は税引前当期利益に等しく、また同時に税引前キャッシュ・フローにも等しいものとする。X社は今後の事業活動において、負債の調達と自己株式の買い入れによって総資本額を変えずに負債と株主資本との割合を4：6に変化させることを検討しており、その影響について議論している。

完全市場において法人税のみが存在する場合、X社が資本構成を変化させることで、企業全体の価値にどのような影響があるか。最も適切なものを選べ。なお、実効税率は40％である。

ア　2,400万円企業価値が減少する。

イ　2,400万円企業価値が上昇する。

ウ　16,000万円企業価値が減少する。

エ 16,000 万円企業価値が上昇する。

1 MM理論

　モジリアーニとミラーは、完全資本市場（情報の偏在や税金などがない）の場合では、企業価値は資本構成（資本の調達方法）の影響を受けないという理論を示しました。これがMM理論です。具体的な理由は次の通りです。

① 企業は、相対的に資本コストの小さい負債コストの比率を高めようとする（負債比率の上昇）

② 株主は、負債比率が上昇することで、財務リスク上昇に伴い高い見返りを要求するようになる（自己資本コストの上昇）

③ 両者が相殺されるので、WACCは常に一定となり、企業価値は常に一定となる

【MM理論の結論（完全資本市場の場合）】
・負債比率が上昇すると、それに比例して自己資本コストが上昇するが、負債利用によるWACCの低下と相殺されるため、WACCは負債の利用度にかかわらず一定である。
・負債の利用度がどのような状態であっても、企業価値は常に一定となる。

【8-4-1 負債比率と加重平均資本コスト】

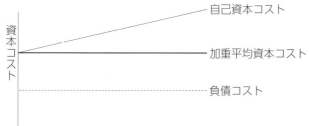

2　MM理論の修正

❶法人税を考慮する場合

　MM理論について、法人税を考慮していないという点が、実際の市場とは大きく乖離していました。そこで、法人税を考慮する場合、負債を利用することで節税効果が発生し、負債コストは節税効果の分だけ小さくなることが指摘されました。

【法人税のみを考慮する場合のMM理論の結論】
・負債の利用により、負債の節税効果分の負債コストの低下が加重平均資本コストを低下させる。
・負債の利用により、節税効果の現在価値分だけ企業価値が増大するため、負債を最大限利用するのが最適な資本構成である。節税効果は、「負債額×税率」で計算される。

【8-4-2　法人税のみを考慮した場合の企業価値】

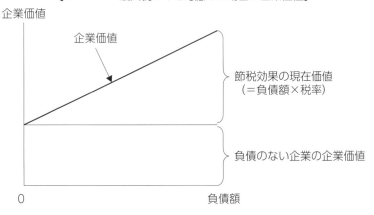

❷法人税および倒産可能性を考慮する場合

　倒産可能性が存在する場合、企業価値を算出するにあたり倒産費用を考慮しなければなりません。負債を借りれば借りるほど、この倒産費用の期待値(期待倒産費用)が上昇します。そのため、ある負債比率以降は、企業価値は減少に転じることになります。

【法人税および倒産可能性を考慮する場合のMM理論の結論】
・過度の負債利用は自己資本コストをさらに上昇させる上、債権の回収不能の可能性を反映して負債コストも上昇することになり、加重平均資本コストは上昇する。
・過度の負債利用は期待倒産費用を増加させ企業価値が減少する。両者の関係で、最適な資本構成が決まる。

【8-4-3 法人税および倒産費用を考慮した場合の企業価値】

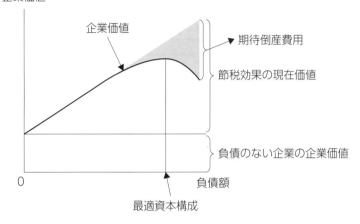

● OnePoint | **倒産費用**

　倒産費用とは、倒産手続きに必要な諸費用（裁判費用や弁護士に対する報酬など）だけでなく、倒産による企業価値への間接的影響額（債券価格や株価の下落など）があります。

（過去問トライアルの解説）

　負債を4億円だけ増やすことにより、負債の節税効果の現在価値分（4億円×税率）だけ企業価値が高まる。

　したがって、4億円×40％＝16,000（万円）だけ企業価値が増加する。

過去問 トライアル解答　**エ**

☑チェック問題

　MM理論によると、法人税が存在する場合、企業価値（負債の価値と自己資本の価値の合計額）は、資本構成と無関係である。　　　　　　⇒×

▶　MM理論によると、法人税が存在しない場合、企業価値（負債の価値と自己資本の価値の合計額）は、資本構成と無関係である。しかし、法人税が存在する場合は、負債の利用度が高まるほど節税効果が大きくなり、企業価値を高める効果が働く。ただし、無制限に負債による調達を行うと、倒産リスクが高まり、かえって企業価値は低下するおそれがある。

証券投資論
投資のリスクとリターン

学習事項 リスク，リターン，期待値，分散，標準偏差

このテーマの要点

リスクとリターンの計算方法を押さえよう

ここからは、証券投資に関する計算と理論を学習します。

ここでいう証券とは、企業の発行する株式や社債、さらには国債などの証券やデリバティブ取引による金融商品まで様々なものがあります。投資家がこれらの証券に対して投資を行う場合に、証券にはどういったリスクや、期待される収益であるリターンがあるのかを検討する必要があります。こういったリスクやリターンは数学的に計算で表すことができます。

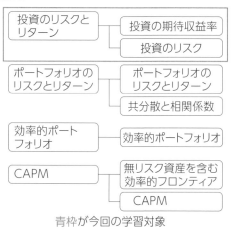

青枠が今回の学習対象

本テーマでは、まずは個別証券を購入する場合におけるリスクとリターンの計算方法について学習します。基本的な計算ですが、案外体得するのに時間のかかるテーマです。

過去問トライアル	平成20年度　第19問
	株式投資における投資利益率
類題の状況	－

L社株式に1年間投資するときの投資利益率とその確率を次のとおり予想した。このとき、分散を計算する式として最も適切なものを下記の解答群の中から選べ。

投資利益率	確　率
4 %	0.3
6 %	0.4
7 %	0.3

〔解答群〕

ア $(4-5.7)\times0.3+(6-5.7)\times0.4+(7-5.7)\times0.3$

イ $(4-5.7)^2\times0.3+(6-5.7)^2\times0.4+(7-5.7)^2\times0.3$

ウ $(4-6)\times0.3+(6-6)\times0.4+(7-6)\times0.3$

エ $(4-6)^2\times0.3+(6-6)^2\times0.4+(7-6)^2\times0.3$

---

1 投資のリスクとリターン

　投資家が投資をするというのは、自己の持つ遊休資金の価値を増加させることを意図しています。しかし、一般には投資による価値の増加は確実なものではありません。そこで、投資によって獲得できる自己資金の価値増加分をリターンといい、期待値で定義します。また、価値増加の不確実性をリスクといい、分散または標準偏差で定義します。

　リターンおよびリスクは、それぞれ以下のような形で計算します。

<u>リターンの計算式</u>

　　リターン＝投資における期待値＝（とる可能性のある値×確率）の和

<u>リスク（分散・標準偏差）の計算式</u>

　　分散＝（偏差^2×確率）の和

　　　　　　　　　　　　　（偏差：とる可能性のある値－期待値）

　　標準偏差＝$\sqrt{分散}$

　リターンについては、期待値で定義されているため、この指標が大きいほど、投資のリターンが大きいといえます。

　リスクは分散や標準偏差で定義されています。分散および標準偏差は、投資のリターンがどの程度ばらつく可能性があるかという指標です。したがって、この値が大きいほど、リスクの高い投資となることを示しています。

● OnePoint　リスク

　一般にいわれるリスクとは、意味は違います。投資論でいうリスクとは、良くも悪くもなる不確実性を指す言葉であり、悪くなる危険性という意味ではありません。

LEC東京リーガルマインド **2025年版 出る順中小企業診断士 FOCUSテキスト＆WEB問題 財務・会計**

【例題】個別証券のリスクとリターン
ある証券のリターンが以下のように予想されている。

シナリオ	不況	通常	好況
確率	0.2	0.4	0.4
投資収益率（%）	4.0	6.0	8.0

この証券の期待収益率と分散と標準偏差を求めよ。

手順①：期待値を求める

　期待収益率は、投資収益率の期待値です。そのため、投資収益率に確率を乗じたものを合計します。

$$期待収益率＝0.2×4.0+0.4×6.0+0.4×8.0＝6.4$$

手順②：①で算出した期待値を使用して分散を求める

　分散は次の式で計算されます。

$$分散＝(4.0-\underline{6.4})^2×0.2+(6.0-\underline{6.4})^2×0.4+(8.0-\underline{6.4})^2×0.4＝2.24$$

　　　　　　　　期待収益率

手順③：②で算出した分散から標準偏差を求める

$$標準偏差＝\sqrt{2.24}≒1.50$$

　標準偏差の計算はルートの計算となり手計算での算出は困難となります。そのため、1次試験では数字そのものを計算する問題が出題されることはめったにありません（2次試験では出題されることがあります）。

過去問 トライアル解答　　**イ**

☑チェック問題

L社株式に1年間投資するときの投資利益率とその確率を予想すると、(投資利益率、確率)＝(5％、0.2)、(6％、0.4)、および(7％、0.4)であった。このとき、分散を計算する式は、(5−6)×0.2＋(6−6)×0.4＋(7−6)×0.4となる。⇒×

▶ 投資利益率の期待値は、5％×0.2＋6％×0.4＋7％×0.4＝6.2％ となる。分散は、この投資利益率の期待値を基準とする偏差の二乗の期待値であるから、計算式は、$(5−6.2)^2×0.2＋(6−6.2)^2×0.4＋(7−6.2)^2×0.4$ となる。

証券投資論

6 ポートフォリオのリスクとリターン

学 習 事 項 ポートフォリオのリスクとリターン，共分散，相関係数

このテーマの要点

ポートフォリオで投資のリスクを分散する！

前テーマでは、個別証券を購入する場合のリスクとリターンについて学習しました。投資を行う場合には複数の証券を組み合わせて投資を行うことが一般的です。これは、複数の証券に投資することで、リスクの低減効果を図るためです。今テーマでは、2つの証券を購入する場合のリスクとリターンについて取り上げます。

2つの証券に同時に投資する場合にもリスクとリターンを数学的に算出することが可能です。計算方法は、個別証券投資のリスクとリターンの計算方法の応用になります。

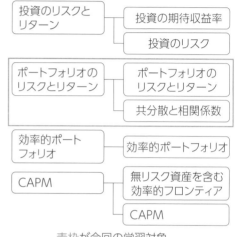

青枠が今回の学習対象

このテーマでは特に共分散と相関係数の計算ができることが重要なカギとなります。しっかり学習して正しく計算できるようになりましょう。

過去問 トライアル	平成22年度 第16問
	相関係数
類題の状況	R05-Q18 R04-Q15 R02-Q19 H30-Q18 H28-Q15 H27-Q19 H26-Q17 H24-Q19 H20-Q20

資金を2つの証券に分散して投資を行う場合、投資収益率のリスク低減効果が最大になるのはどれか、最も適切なものを選べ。

ア 2つの証券の投資収益率が完全に相関している場合

イ 2つの証券の投資収益率が完全に負相関している場合

ウ 2つの証券の投資収益率間に全く相関がない場合

エ　2つの証券の投資収益率間に弱い負相関がある場合

1　ポートフォリオとは

　ポートフォリオとは、複数の資産を組み合わせたものをいいます。通常の投資家は、ある1つの資産だけに投資するのではなく、複数の資産に分けて投資を行います。このようにポートフォリオを組んで投資をするのは、ポートフォリオ投資にリスク分散効果があるためです。リスク分散効果とは、複数の投資案を組み合わせてポートフォリオを組むことで、それぞれの資産が持っているリターンを犠牲にすることなくポートフォリオのリスクのみを減らすことのできる効果のことです。

【例題1】ポートフォリオのリスクとリターン
　1．証券Xと証券Yのリターンが以下のように予想されている。

確　率	0.2	0.4	0.4
証券Xの投資収益率（%）	2.0	4.0	6.0
証券Yの投資収益率（%）	−2.0	3.0	8.0

　2．証券Xを60%、証券Yを40%の割合でポートフォリオを組む。
このとき、ポートフォリオの期待収益率と分散を求めよ。

【解法】
　ポートフォリオのリスクとリターンの算出方法は、個別証券のリスクとリターンの算出方法とほぼ同じです。
　まず、ポートフォリオの組み方を反映したポートフォリオの投資収益率を算定します。
〈ケース1〉　確率0.2の場合
証券X（2.0）×60%＋証券Y（−2.0）×40%＝0.4
〈ケース2〉　確率0.4の場合
証券X（4.0）×60%＋証券Y（3.0）×40%＝3.6
〈ケース3〉　確率0.4の場合
証券X（6.0）×60%＋証券Y（8.0）×40%＝6.8

　この結果を利用して、ポートフォリオの期待収益率を算定します。
0.4×0.20＋3.6×0.40＋6.8×0.40＝4.24

　ポートフォリオの分散についても、上記の結果を利用して同様に算定します。
$(0.4−4.24)^2×0.20＋(3.6−4.24)^2×0.40＋(6.8−4.24)^2×0.40 ≒ 5.73$

　例題1では、Xの証券を60%、Yの証券を40%の割合で投資するため、Xの投資収益率に60%、Yの投資収益率に40%を掛けたものがポートフォリオの投資収益率となります。

2 共分散と相関係数

2つの資産を組み合わせて投資する場合を考えます。今後景気が改善するときにはリターンが増加し、景気が悪化するときにはリターンが減少する2つの資産を組み合わせるより、景気が改善するとリターンが増加する資産（景気悪化時はその逆）と、景気が改善するとリターンが減少する資産（景気悪化時はその逆）とを組み合わせた方が、トータルでのリターンのばらつきは小さくなります。

このような、2つの資産を組み合わせたときのリターンのばらつきのことを共分散といいます。また、2つの資産の分散の連動性を表した指標を相関係数といい、－1から1までの間をとります。共分散および相関係数は次の式で表されます。

$$共分散 ＝ （A証券の偏差×B証券の偏差×確率）の和$$

$$相関係数 = \frac{A資産とB資産の共分散}{A資産の標準偏差×B資産の標準偏差}$$

ここでいう証券の偏差とは、（資産の投資収益率）－（資産の期待収益率）を表します。

なお、相関係数は、値によって次の意味を示しています（ρは相関係数）。

ρ＝1	2つの証券は全く同じ方向に動く
0＜ρ＜1	2つの証券は同じ方向に動く傾向がある
ρ＝0	2つの証券は全く関係ない動き方となる（独立して動く）
－1＜ρ＜0	2つの証券は逆の方向に動く傾向がある
ρ＝－1	2つの証券は全く逆の動きをする

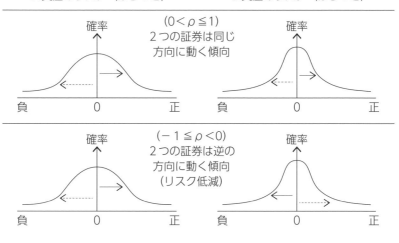

【例題2】共分散と相関係数
　1．証券Xと証券Yのリターンが以下のように予想されている。

確　率	0.2	0.4	0.4
証券Xの投資収益率（%）	2.0	4.0	6.0
証券Yの投資収益率（%）	−2.0	3.0	8.0

　2．証券Xの標準偏差は1.50、証券Yの標準偏差は3.74である。
このとき、証券Xと証券Yの共分散と相関係数を求めよ。
＊相関係数は小数点以下3位未満を切り捨てる。
【解法】
　①まず、共分散を出すのに必要な期待収益率を求めます。
　　証券X　2.0×0.20＋4.0×0.40＋6.0×0.40＝4.40
　　証券Y　−2.0×0.20＋3.0×0.40＋8.0×0.40＝4.00
　②算出した期待収益率を使用して共分散を求めます。
　　(2.0−4.40) (−2.0−4.00)×0.20＋(4.0−4.40) (3.0−4.00)×0.40＋
　　(6.0−4.40) (8.0−4.00)×0.40＝5.60
　③算出した共分散の値を利用して、相関係数を算定します。

$$\frac{5.60}{1.50 \times 3.74} \fallingdotseq 0.998$$

　相関係数が1に近いことから、証券Xと証券Yは同じ方向に動く証券であることが分かります。

過去問　トライアル解答　 イ

☑チェック問題

　資金を2つの証券に分散して投資を行う場合、投資収益率のリスク低減効果が最大になるのは、2つの証券の投資収益率が完全に負相関している場合である。　　　　　　　　　　　　　　　　　　　　　　　　　　　　　　　　⇒○

▶　投資家が投資資金をどのように2証券に分散投資を行うかを判断するためには、2つの証券における投資収益率の変動関係を知ることが必要となる。この尺度を表すものが相関係数であり、投資収益率のリスク低減効果が最大になるのは「相関係数（ρ）＝−1」のとき、すなわち2証券が全く反対方向に動く場合である。

8
ファイナンス

証券投資論
効率的ポートフォリオ

学習事項 無差別曲線，効率的ポートフォリオ，ポートフォリオのリスク分散効果

このテーマの要点

証券を組み合わせてリスクを分散！

前テーマでは、2つの異なる証券を組み合わせて購入する場合の共分散や相関係数などを計算する方法を学習しました。このとき、2つの証券の組み合わせの比率は固定されていました（A証券を60％、B証券を40％といった具合です）。

本テーマではその証券の組み合わせの比率を変化させる場合を考えます。それ以外にも、無差別曲線という投資家の思考を表したグラフについても学習します。

本テーマで出てくる曲線は何を意味するのか、また条件によって

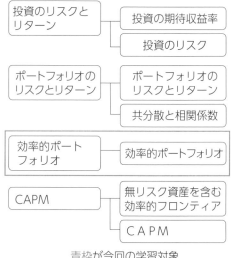

青枠が今回の学習対象

どのような形（右上がり、右下がりなど）となるのかを理解しておく必要があります。

過去問 トライアル	平成20年度　第20問
	効率的ポートフォリオ
類題の状況	R04-Q16　H30-Q17　H29-Q19　H29-Q23　H28-Q11 H28-Q18　H25-Q19　H23-Q18　H22-Q16　H21-Q17

　自己資金で2つの株式にさまざまな比率で投資するとき、当該ポートフォリオの収益率の期待値と標準偏差の関係を表す図形として最も適切なものはどれか。ただし、ここでは−1＜相関係数＜1とする。

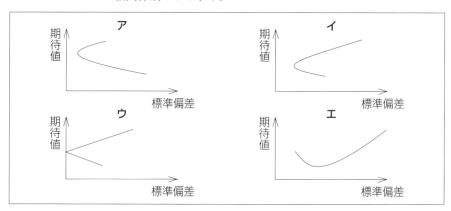

　投資家にも様々な人がおり、リスクを負うことに積極的な人もいれば、リターンを減らしてでもリスクを回避したい人もいます。このような投資家の思考を示したものとして、無差別曲線があります。無差別曲線とは、投資家が自身の負うリスク水準に対してどれだけのリターンを望むかを示したグラフのことです。

　リスクに対していかなる思考を持つかによって、投資家は以下のように分類できます。

【8-7-1　無差別曲線】

投資家の種類	説明	無差別曲線の形
リスク回避的投資家	同一のリターンならよりリスクの低い資産を望む、また、リスクが高いなら高いリターンを望む投資家。	リターン（曲線のグラフ）リスク
リスク愛好的投資家	同一のリターンならよりリスクの高い資産を望む、また、リスクが低いなら高いリターンを望む投資家。	リターン（曲線のグラフ）リスク
リスク中立的投資家	リスク水準にかかわらず、より高いリターンを望む投資家。	リターン（水平線のグラフ）リスク

　リスク回避的の投資家は、「悪い方に外れること」を考えて行動します。そのため、①リスクが低いときはリターンも低くてよい、②リスクが大きいときはリターンが大きくなれば、悪い方に外れてもリターンを確保できると考えます。

　リスク愛好的投資家は、「良い方に外れること」を期待します。そのため、①リスクが小さいときは大きなリターンを要求し、②リスクが大きくなると、リターンが低くても良い方に外れるリスクが大きいので、大きなリターンを確保できると考えます。

2 ポートフォリオと有効フロンティア

ポートフォリオにはリスク分散効果があると説明しました。

2つの証券を組み合わせて保有する場合、標準偏差と期待収益率の関係を示すグラフは図表8-7-2のようになります。

【8-7-2 効率的ポートフォリオ】

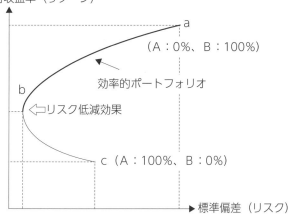

この図において、線分bcは同じリスクで期待収益率が高くなる線分abがあるため、選択されないことになります。

そのため、リスク回避的投資家は、このグラフの中で太線の部分しか選択しません。この太線部分を有効フロンティア（効率的ポートフォリオ）といいます。

8 ファイナンス

また、相関係数を ρ（ロー）とすると、ρの値の変化に伴いグラフの形状は、図表8-7-3のように変化します。

　このように、相関係数が1とならないような証券の組み合わせによって、リスク分散を図ることができることを**ポートフォリオのリスク分散効果**といいます。

【8-7-3　効率的ポートフォリオの形状】

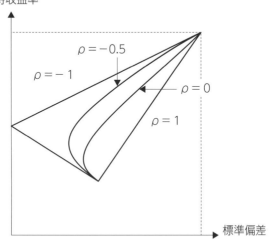

過去問 トライアル解答　**イ**

☑チェック問題

　資金を2つの証券に分散して投資を行う場合、投資収益率のリスク低減効果が最大になるのは、2つの証券の投資収益率が完全に正相関している場合である。　　　　　　　　　　　　　　　　　　　　　　　　　　　　　　⇒×

▶　投資収益率のリスク低減効果が最大になるのは、2つの証券の投資収益率が完全に負相関している場合である。逆に、完全に正相関している場合は、リスク低減効果が全くなくなる。

8 証券投資論
資本資産評価モデル（ＣＡＰＭ）

学習事項 ＣＡＰＭ理論，ＣＡＰＭの公式，ベータ値

このテーマの要点

ＣＡＰＭの計算問題を確実に押さえよう！

前テーマで、複数の資産を組み合わせたポートフォリオまで考察しました。これをさらに発展させ、市場に存在するすべての資産を組み合わせたポートフォリオについて考察したのが、ＣＡＰＭの理論です。

ＣＡＰＭ（Capital Asset Pricing Model）、言い換えると資本資産価格形成モデルとは、簡単にいうと、効率的資本市場の理論において、市場リスクの高い株式ほど期待収益率は高くなるという関係を説明するモデルのことです。

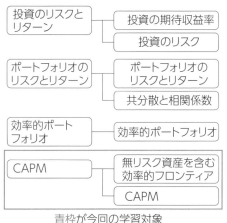

青枠が今回の学習対象

本テーマでは、ＣＡＰＭの理論と計算方法について紹介します。頻出テーマですので、確実に計算問題をできるようにしましょう。

過去問トライアル	平成20年度　第16問
	ＣＡＰＭを活用したWACCの計算
類題の状況	R01-Q17　H29-Q20　H28-Q12　H27-Q18　H25-Q14　H24-Q16

次の資料に基づいて、加重平均資本コストを求めよ（単位：％）。なお、自己資本のコストはＣＡＰＭにより算出する。

負債の税引前コスト	4％	実効税率	40％
安全利子率	2％	期待市場収益率	8％
β値	1.2	自己資本比率（時価に基づく）	40％

〔解答群〕

ア 3.04　　　**イ** 4.8　　　**ウ** 5.12　　　**エ** 6

1 市場資産のポートフォリオとＣＡＰＭ

　市場においても、無リスク資産とリスク資産が存在します。ここでは、無リスク資産への投資も考慮に入れて考えます。

　無リスク資産とリスク資産のポートフォリオを考えた場合、ポートフォリオの有効フロンティアはリスク資産の組み合わせとは独立して決定されます。

　このとき、無リスク資産の利子率の点から市場に存在するすべてのリスク資産のポートフォリオの曲線に向けて引いた接線の接点は、市場に存在するすべてのリスク資産の最適な組み合わせとなり、市場ポートフォリオと呼ばれます。そのため、リスク資産がどれだけ多数存在しても、有効フロンティアは無リスク資産からリスク資産の曲線に向けた接線となります。

【8-8-1　無リスク資産を含む有効フロンティア】

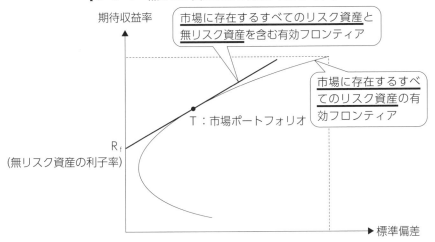

どのような資産においても景気変動や税率変更などのリスクが存在します。そのようなリスクのことを**市場リスク（システマティックリスク）**といいます。市場ポートフォリオにおいて成立しているリターンは、無リスク資産と比較してリスク資産が負っている市場リスクに対する**プレミアム**を上乗せしたものであるといえます。このプレミアム部分を**市場リスクプレミアム**といいます。

個別証券についても市場リスクを受けます。個別証券のリターンを計算するときはこの市場リスクを考慮して計算します。ベータ値と呼ばれる、ポートフォリオにおける市場リスクを１として、個別証券の市場リスクがどれだけの水準かを示した値を用いて、個別証券のリターンは次のように計算されます。

【個別証券のリターン計算式】
　個別証券のリターン＝Rf＋β×市場リスクプレミアム
【市場リスクプレミアムの計算式】
　市場リスクプレミアム＝市場ポートフォリオのリターン－Rf
　Rf：無リスク利子率（リスクフリーレート）　　β：ベータ値

【８－８－２　個別証券のリターン】

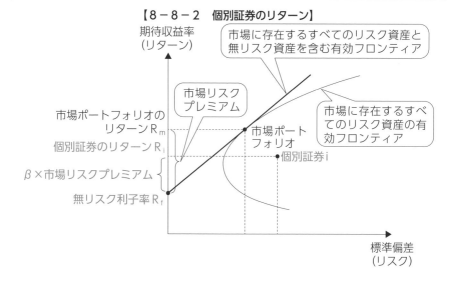

【例題】
　次の資料により、市場リスクプレミアムとＡ証券の期待収益率を算定せよ。
　株式市場の期待収益率：６％　　　無リスク利子率：２％
　Ａ証券のベータ値：1.5
【解答】
　市場リスクプレミアム＝６％－２％＝４％
　Ａ証券の期待収益率＝２％＋1.5×４％＝8.0％

🔑 Keyword

▶ プレミアム

見返りのことをいいます。ここでは、リスクを負担することに対するリターンの見返りを意味します。

（過去問トライアルの解説）

自己資本のコストは、ＣＡＰＭ（資本資産評価モデル）により次のように計算されます。

自己資本のコスト＝安全利子率２％＋β値1.2×（期待市場収益率８％－安全利子率２％）＝9.2％

以上から加重平均資本コストを計算すると次のようになります。

（１－0.4）×４％×（１－0.4）＋0.4×9.2％＝5.12％

過去問 トライアル解答 **ウ**

☑チェック問題

ある投資家は、Ｘ株式に投資をしようとしている。Ｘ株式のβ値1.5、安全利子率２％、および市場期待収益率５％のとき、ＣＡＰＭに基づいてＸ株式の期待収益率を計算すると、6.5％となる。　　　　　　　　　　　　　　⇒○

▶ ＣＡＰＭに基づいてＸ株式の期待収益率を計算すると、安全利子率２％＋Ｘ株式β値1.5×（市場期待収益率５％－安全利子率２％）＝6.5％　となる。

9 証券投資論
株価の算定

学習事項 キャピタルゲイン，インカムゲイン，配当割引モデル，ゼロ成長モデル，定率成長モデル

このテーマの要点

投資に値する株式かどうかを判定してみよう！

投資を行うかどうかの判断をする場合、投下する資金以上に価値を得ることができるかどうかが投資のポイントとなります。株式には、取引を行う市場が存在しており、市場でその価格が適時決定されています。

この市場で決定されている価格が適正であれば、投資家は株式を購入

〈株式購入のプロセス〉

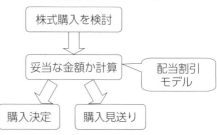

しますし、そうでなければ株式の購入を見送ることになります。

本テーマでは、こうした株式の価格の算定について理解します。

過去問トライアル	平成21年度　第13問
	配当割引モデルにおける資本コストの算定
類題の状況	R03-Q21　H29-Q18　H28-Q16　H26-Q19　H24-Q16

　A社の普通株式の次期の配当は、1株当たり50円と予想されている。配当の成長率が今後8％で永久に継続すると期待されている。A社の現在の株価が1,000円であるとき、A社の普通株式の資本コストとして、最も適切なものはどれか。

ア　5％

イ　5.4％

ウ　8％

エ　13％

1 株式投資の金利

株式投資のリターンには、配当と売却益（値上がり益）があります。両者は同じリターンですが、性質が全く異なります。そのため、配当をインカムゲイン、売却益をキャピタルゲイン（売却損の場合はキャピタルロス）と分けて呼ばれます。

株式投資の金利については、株式投資では期待収益率を金利として用います。この期待収益率は、通常はCAPMにより算定されたものを用います。

2 配当割引モデル

① 株価の算定

株式の価格は、一定期間ごとの配当と売却時の売却価額で決定されます。例えば、株式を2年間保有して2年後に売却することとしたとき、理論上の株価は以下のようになります。

$$理論株価 = \frac{1期の配当}{(1+期待収益率)} + \frac{2期の配当}{(1+期待収益率)^2} + \frac{売却価額}{(1+期待収益率)^2}$$

② ゼロ成長モデル

理論上、株式の発行主体である企業は永遠に継続するとされており、株主は永遠に株式を所有し、配当を受け続けることができるとします。このため、理論上はキャピタルゲインが無視され、配当のみが株価の決定にかかわることとなります。これをもとに株価の算定式を導いたのが、ゼロ成長モデルで、次のように表すことができます。

$$理論株価 = \frac{将来の期待配当額}{期待収益率}$$

また、この式を期待収益率について解くと、次の式が得られます。

$$期待収益率 = \frac{将来の期待配当額}{理論株価}$$

例えば、8％の利益を期待しており、配当額が50円であるとします。この場合、株価が1,000円であれば、期待収益率は5％と計算されますので投資を見送ります。一方で、株価が500円であれば、期待収益率は10％となりますので、8％以上の利益が期待でき、投資を行うことになります。

8

ファイナンス

❸ 定率成長モデル

　企業は、将来成長することを求められる場合があります。そのような場合に用いられるモデルが定率成長モデルです。定率成長モデルでは、将来の期待配当額が一定の成長率で成長する場合、株価は以下のように算定されます。

$$理論株価＝\frac{将来の期待配当額}{期待収益率－成長率}$$

これを資本コストについて解くと、次の式が得られます。

$$期待収益率＝\frac{将来の期待配当額}{理論株価}＋成長率$$

【例題】
　以下の株式の価格を、資料に基づいて算定しなさい。なお、期待収益率を算定する場合には、ＣＡＰＭの公式を用いなさい。
① 期待配当額　20円　　期待収益率　20％
② 期待配当額　50円　　安全利子率　4％　　β値　1.2
　　市場リスクプレミアム　5％
③ 期待配当額　15円（毎期5％で成長）　　安全利子率　4％
　　市場ポートフォリオの期待収益率　9％　　β値　0.8

解答への道

　配当割引モデルの公式およびＣＡＰＭの公式に数値を代入して算定します。

① $\dfrac{20}{20\%}＝100$

② $4\%＋1.2×5\%＝10\%$

　$\dfrac{50}{10\%}＝500$

③ $4\%＋0.8×(9\%－4\%)＝8\%$

　$\dfrac{15}{8\%－5\%}＝500$

（過去問トライアルの解説）

配当割引モデルでは、次の式により資本コスト k が計算されます。

$$k = \frac{D}{P} + g$$

D：配当額　P：現在の株価　g：成長率

なお、D／Pは配当利回りです。

同式に、本問のデータを代入すると、

$$\frac{50円}{1,000円} + 8\% = 13\%$$

過去問 トライアル解答　**エ**

☑チェック問題

配当（毎年均等額）を35円、投資家の要求利益率を5％とすると、配当割引モデルによる理論株価に比べて、実際の株価800円は割安である。　⇒×

▶ 配当割引モデルによる理論株価は、配当（毎年均等額）35円÷投資家の要求利益率5％（0.05）＝700円　と計算されるので、実際の株価800円は割高である。

金融派生商品
オプション取引

学習事項　オプション取引の概要と用語

このテーマの要点

オプション取引の概要と基本的な用語を理解！

オプション取引とは、前テーマで
学習した先物取引と同様にデリバ
ティブの一種になります。オプショ
ンとは、ある資産を、権利を行使し

```
デリバティブ ┬ 先物取引
             └ オプション取引
```

て特定の価格で買い付け、もしくは売り付けることのできる権利のことをいいま
す。ここではオプション取引の概要を理解し、試験対策上重要となるオプション
取引に関する用語について学習します。

過去問 トライアル	平成18年度　第12問（改題）
	オプションの種類
類題の状況	H26-Q22　H21-Q19　H20-Q19　H18-Q12

オプションとは、所定の原資産を将来の一定時点に、あるいは一定時点までに、
所定の価格で売買する権利を意味する。オプションには　A　・オプションと
　B　・オプションがある。前者は原資産を売却する権利であり、後者は原資産を
購入する権利である。また、将来の一定時点にだけ権利行使ができるオプションは
　C　型と呼ばれ、将来の一定時点までならばいつでも権利行使できるオプション
は　D　型と呼ばれている。

文中の空欄A～Dに入る語句の最も適切な組み合わせはどれか。

ア　A：コール　　　B：プット　　　C：アメリカ　　　D：ヨーロッパ

イ　A：コール　　　B：プット　　　C：ヨーロッパ　　D：アメリカ

ウ　A：プット　　　B：コール　　　C：アメリカ　　　D：ヨーロッパ

エ　A：プット　　　B：コール　　　C：ヨーロッパ　　D：アメリカ

1 オプション取引

オプション取引とは、原資産を一定期日にあらかじめ定めた価格で売買できる権利を売買することです。

つまり、オプション取引にはオプションの対象を購入する権利と、売却する権利の2種類が売買されます。この権利を「購入」または「売却」することで、損失を回避したり利益を獲得することができます。

① コール・オプションとプット・オプション

オプションの対象を購入する権利をコール・オプション、売却する権利をプット・オプションといいます。

② オプションの買い手と売り手

コール・オプションまたはプット・オプションを購入する者を、オプション取引の買い手といいます。オプションの買い手にとって、オプションは売買できる権利になります。

対してコール・オプションまたはプット・オプションを売却する者を、オプション取引の売り手といいます。オプションの売り手にとって、オプションは売買を行う義務になります。

③ 権利行使価格とオプション価格

権利行使価格とはあらかじめ定めた取引価格のことをいいます。オプション価格とは、オプション取引を行う場合にオプションの買い手から売り手に対して支払われるオプション料（プレミアム）のことをいいます。

④ ヨーロピアンタイプ　アメリカンタイプ

オプションの権利の有効期間を行使期間といい、行使期間の最終日を満期日といいます。オプションは、満期日にのみ権利行使が可能であるヨーロピアンタイプ、満期日までの間いつでも行使可能なアメリカンタイプがあります。

8

ファイナンス

【8-10-1　オプション取引】

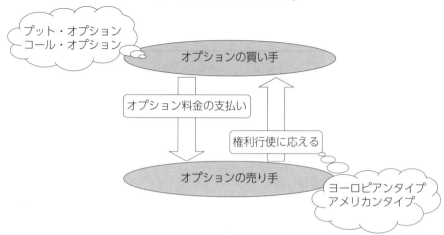

　オプションの買い手にとって、オプションは売買の権利であり、行使する義務はありません。権利行使時に買い手にとって不利な条件であれば権利を放棄することができます。一方でオプションの売り手は、オプション料金を受け取る対価として、権利行使に応える義務が生じます。

　オプション取引の買い手は、オプションの損益は一定額以下になることはありませんが、売り手にとっては損失が無限にあるといえます。よってオプションの買い手には、支払ったプレミアムを損失の限度として、無限に儲かる可能性があるといえます。

過去問　トライアル解答　**エ**

☑チェック問題

オプションとは、所定の原資産を将来の一定時点にあるいは一定時点までに、所定の価格で売買する権利を意味する。オプションにはコール・オプションとプット・オプションがある。前者は原資産を売却する権利であり、後者は原資産を購入する権利である。また、将来の一定時点にだけ権利行使ができるオプションはアメリカ型と呼ばれ、将来の一定時点までならばいつでも権利行使できるオプションはヨーロッパ型と呼ばれている。　　　　　　　　　　　　　　　　　⇒×

▶ 「コール・オプション」と「プット・オプション」の説明、および「アメリカ型」と「ヨーロッパ型」の説明が逆である。「プット・オプション」は原資産を売却する権利であり、「コール・オプション」は原資産を購入する権利である。また、将来の一定時点にだけ権利行使ができるオプションは「ヨーロッパ型」と呼ばれ、将来の一定時点までならばいつでも権利行使できるオプションは「アメリカ型」と呼ばれている。

8

ファイナンス

金融派生商品
コール・オプション　プット・オプション

学習事項 コール・オプション，プット・オプション

このテーマの要点

コール・オプション、プット・オプションの概要を理解！

前テーマで学習したオプション取引は、原資産を一定価格（権利行使価格）で買う権利（コール・オプション）と原資産を一定価格（権利行使価格）で売る権利（プット・オプション）に分かれます。ここでは試験対策上重要となる、それぞれの買い手・売り手の損益について学習します。

```
デリバティブ ─┬─ 先物取引
             └─ オプション取引
                 ├─ コール・オプション
                 └─ プット・オプション
```

過去問 トライアル	平成21年度　第19問（設問1）
	オプション取引の損益
類題の状況	R03-Q23　R02-Q15　H30-Q15　H29-Q25　H25-Q23 H19-Q15

次の図は、ヨーロピアンタイプのオプション取引を行ったときの損益図表を示している。この図と以下の文章から、下記の設問に答えよ。

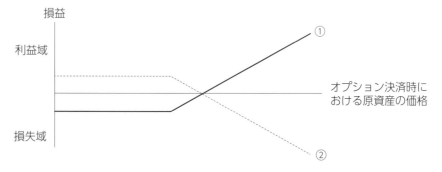

この図で示される実線①は　A　の損益を示しており、破線②は　B　の損益を示している。この図から分かるように、　A　の最大損失はオプションプレミアムに限定されるが、　B　の損失は、決済時の原資産の価格によって無限になる可能性をもっている。

文中の空欄AとBに入る用語の組み合わせとして、最も適切なものはどれか。

ア　A：コール・オプションの売り手　　　B：コール・オプションの買い手
イ　A：コール・オプションの買い手　　　B：コール・オプションの売り手
ウ　A：プット・オプションの売り手　　　B：プット・オプションの買い手
エ　A：プット・オプションの買い手　　　B：プット・オプションの売り手

1　オプション取引の損益

　前テーマで学習したように、オプション取引とは所定の原資産を将来の一定時点にあるいは一定時点までに、所定の価格で売買する権利の取引のことです。

　オプションの買い手は、権利を行使、放棄するかを選択することができます。

【8-11-1　オプション取引の買い手】

　試験対策上では、コール・オプションの買い手と売り手、プット・オプションの買い手と売り手のそれぞれの損益を押さえておく必要があります。

❶コール・オプションの損益

　コール・オプションは、原資産を一定価格（権利行使価格）で買う権利の売買になります。

【8-11-2　コール・オプションの損益】

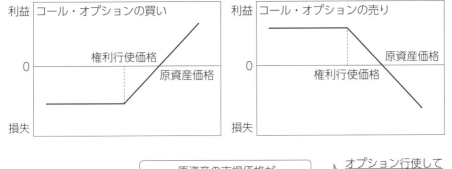

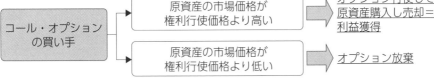

8
ファイナンス

● OnePoint　損失と利益

　コール・オプションの買い手の最大損失はオプションプレミアムの範囲内に限定されます。

　他方、コール・オプションの売り手は、コール・オプションの買い手が権利行使をする場合には、それに応じる義務を負いますので、原資産の価格上昇いかんによっては損失が無限になる可能性があります。

　オプションの買い手と売り手の間には、いずれかが利益を出せば、他方は損失を被るという、いわばゼロサム・ゲームの関係にあります。したがって、両損益図表は横軸を挟んで対称になります。

② プット・オプションの損益

　プット・オプションは、原資産を一定価格（権利行使価格）で売る権利の売買のことをいいます。

【8-11-3　プット・オプションの損益】

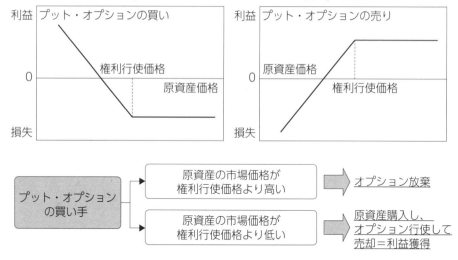

☑チェック問題

　オプション取引のうち、「プット・オプションの買い」の場合、原資産価格が行使価格を下回ったときにイン・ザ・マネーとなる。　　　　　　　　　⇒○

▶　原資産価格が行使価格を下回った場合、低い価格（時価）で原資産を買い、それより高い行使価格でその原資産を売ることで、利益を得ることができる。すなわち、イン・ザ・マネーとなる。

12 金融派生商品
先物取引の種類

学習事項 先物取引の特徴，為替先物予約，先渡取引

このテーマの要点

先物取引の概要と特徴を理解！

先物取引とは、ある資産を将来の一定時点に特定の価格で売買することを約束する取引をいいます。昨今注目を集め、またネット取引等で取

引参加者も増加傾向にあります。先物取引にはいくつか種類があり、それぞれに違った特徴やルールがあります。ここでは先物取引の仕組みについて理解し、また試験対策上重要となる為替先物予約の特徴について学習します。

過去問 トライアル	平成29年度　第21問
	先渡取引と先物取引
類題の状況	R05-Q23　R04-Q20　H30-Q14　H30-Q19　H25-Q22 H24-Q22　H22-Q18　H20-Q21　H18-Q12

先渡取引（フォワード）と先物取引（フューチャー）に関する記述として、<u>最も不適切なもの</u>はどれか。

ア 原則的に先物取引は取引所で、先渡取引は店頭（相対）で取引が行われる。

イ 先物取引では、契約の履行を取引所が保証しているため、信用リスクは少ないといえる。

ウ 先渡取引では、期日までに約定したものと反対の取引を行い、差金決済により清算される。

エ 先渡取引では、原資産、取引条件などは取引の当事者間で任意に取り決める。

1 先物取引とは

先物取引とは、ある商品を将来の一定時点に特定の価格で売買することを約する取引をいいます（英語では、フューチャーと呼ばれます）。先物取引は、次のような効果があります。

❶リスクヘッジ

価格変動に備え、先物取引を利用してリスクに備えます。例えば、A社商品の販売価格が現在100円であったとします。商品価格が下落した場合に備え、A社は取引先B社に95円で売買することを約する先物取引を締結したとすると、A社は1ヶ月後に商品の価格がいくらになろうとも95円で販売することが可能となり、価格変動による損益がなくなります。このように価格変動リスクを完全にヘッジする目的があります。

会社経営と先物取引は密接に影響します。価格変動や為替変動によるリスクヘッジを行っていない企業では、経営が不安定となり、場合によっては倒産に追い込まれるケースもあります。

❷投機

先物取引を投機目的で活用する人は増えています。価格の変動を利用して利ザヤを稼ぐ方法になります。一般的には株式取引よりもレバレッジ効果が大きく働くので、少ない資金で大きなお金を動かすことが可能となります。

【8-12-1 先物取引とレバレッジ効果】

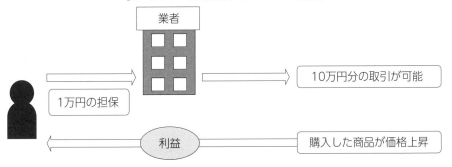

2 為替先物予約

「先物取引」には、「商品先物取引」、「為替先物予約」、「通貨先物取引」などがあります。

試験対策上では、為替先物予約について押さえましょう。

① 為替先物予約

為替予約とは、外国為替の業務を行う銀行との間（相対取引）で、会社が将来に外貨と日本円を交換するときに適用される為替レートを、現時点であらかじめ契約しておくことをいいます。いわゆる先渡取引（英語ではフォワードと呼ばれます）のことを指します。

輸入業を行っている会社では、ドルの値上がりを予想し、安いレートでドルを買う契約を結ぶことで、支払時に少ない支払いで取引を行えます。逆に、輸出業においては、ドルの値下がりを予想し、高値でドルを売る契約を結ぶことでより多くの利益を得ることができます。また、為替予約は、為替変動による採算性の変動を極力低くできるという効果もあります。

【8-12-2　為替先物予約】

ドルで1ヶ月後に支払い

為替変動で損益が変動するため、**為替予約で損益確定**

3　先物取引と先渡取引の違い

　先物取引と先渡取引はよく似ていますが、先物取引は取引所で取引され、先渡取引は店頭で取引されるという点が異なります。先物取引は取引所で取引されるため、株式の取引と同じように価格変動に基づき、都度値洗いが行われます。また、商品の受け渡しを行う代わりに反対の取引を行うことで、その差金のみを支払うことが可能です（100％の元本は必要ありません）。これを差金決済といいます。

　一方、先渡取引は店頭での取引を行うため、取引条件を自由に設定し、受け渡し時に実際に現物の交換を行います。したがって、現物を取引するために100％の元本が必要となります。

（過去問トライアルの解説）
（設問1）

　F社は、直物を今取引すれば、100万ドル×102円/ドル＝10,200万円を受け取ることができたはずですが、1ヶ月後に98円/ドルで100万ドルを換算したものを受け取ることを予約しました。そのため、1ヶ月後の為替レート（直物レートの108円/ドル）に依存することなく、100万ドル×98円/ドル＝9,800万円を受け取ることとなります。

　そのため、為替予約による損失は、10,200－9,800＝400万円の損失となります。
（設問2）

　G社は、20万ドルの現物があれば、20万ドル×102円/ドル＝2,040万円を受け取ることができたはずですが、先物取引で100円/ドルにて売却するとの注文を入れました。

　その後、先物取引で100円/ドルにて売却するとの注文に対し、先物価格である1ドル＝103円にて反対売買を行いました。したがって、20万ドルを先物取引で100円/ドルにて売却したあと、さらに20万ドルを103円/ドルで買い戻していますので、この取引で次の価格だけ損したこととなります。

　　20×100円/ドル－20×103円/ドル＝60万円の損失（先物取引による損失）
　一方で、現物の価値は、102円/ドルから108円/ドルになったわけですから、次の価値だけ利益が出たことになります。

　　20×108円/ドル－20×102円/ドル＝120万円の利益（直物の利益）
　これらを合わせると60万円の利益となります。

過去問 トライアル解答　**ウ**

　先物取引には、(1)必ずしも現物の受渡しを必要としない、(2)定型化されており取引所において取引される、(3)特定の受渡日に取引が決済される、(4)日々の証拠金の値洗いが行われる、といった特徴がある。　　　　　　　　　　⇒×

▶　(3)が先物取引の特徴として不適切である。先物取引は、市場が決めた期日(取引最終日) までに反対売買 (同じ商品に対する売りと買い) により差金決済することが主流であり、売買の当事者が決めた特定の受渡日に現物を受け渡すことを約する契約とは異なる。差金決済とは、例えば、100万円で買った商品を110万円で売った場合、100万円を入金することなく、差額の10万円だけを受け取るといった売買である。

索　引

2025年版 出る順中小企業診断士
FOCUSテキスト&WEB問題 ❷財務・会計

2014年 3 月25日　第 1 版　第 1 刷発行
2024年 7 月25日　第11版　第 1 刷発行

　　編著者●株式会社　東京リーガルマインド
　　　　　　LEC総合研究所　中小企業診断士試験部

　　発行所●株式会社　東京リーガルマインド
　　　　　　〒164-0001　東京都中野区中野4-11-10
　　　　　　　　　　　　アーバンネット中野ビル
　　　　　　LECコールセンター　📞 0570-064-464
　　　　　　　　　受付時間　平日9：30〜20：00/土・祝10：00〜19：00/日10：00〜18：00
　　　　　　　　　※このナビダイヤルは通話料お客様ご負担となります。
　　　　　　書店様専用受注センター　　TEL 048-999-7581 / FAX 048-999-7591
　　　　　　　　　受付時間　平日9：00〜17：00/土・日・祝休み
　　　　　　www.lec-jp.com/

　　印刷・製本●倉敷印刷株式会社

LEC中小企業診断士講座のご案内

1次2次プレミアム1年合格コース

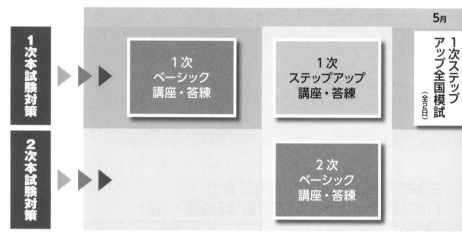

POINT 1 頻出テーマに絞りコンパクトに学習する！

1次試験は科目数も多く、その範囲は広大です。
一方で、過去の試験の出題を分析してみると、理解しておくべき重要な論点は、毎年のように出題されているのが分かります。LECでは、出題頻度で学習テーマを絞り込み、段階的に、試験までに万全な対策をとるカリキュラムを採用しています。

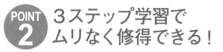

一般的な学習スタイル　LECの学習スタイル

手を広げ過ぎて　学習範囲を
間に合わない可能性が！　頻出テーマに凝縮！

これをかなえるのがLECのFOCUSテキスト

POINT 2 3ステップ学習でムリなく修得できる！

ベーシックで基礎知識を、ステップアップでは応用知識の上積みを、アドバンスで最新の出題傾向を踏まえた総仕上げを行います。3つの時期、段階に分けることで反復効果による知識定着を図りつつ、ムリなく知識を修得できます。

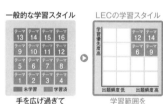

"Basic ▶ Step up ▶ Advance"
と順を追ってレベルアップ

3 Advance　直前対策期(60点)
2 Step up　応用力養成期(～60点)
1 Basic　基礎完成期(～50点)

POINT 3 早期の2次対策で1次との融合学習を狙う！

1次試験と2次試験を別の試験と考えがちですが、1次の知識をいかに応用できるかが、2次試験です。2次試験に関連性が強い1次試験科目の学習を終えた段階で、早期に2次対策を始めることで、1次試験の復習をしつつ、2次試験の学習期間が確保できるようになっています。

[1次と2次の融合学習]
融合学習を行うことにより、1次、2次ともに得点アップ！

1次試験科目	2次試験科目
●企業経営理論(組織論)	● 事例I(組織)
●企業経営理論(マーケティング)	● 事例II(マーケティング・流通)
●運営管理(生産管理)	● 事例III(生産・技術)
●財務・会計	● 事例IV(財務・会計)

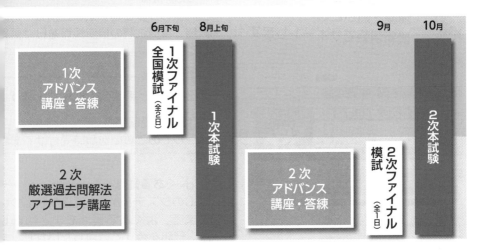

	6月下旬	8月上旬		9月	10月

1次アドバンス講座・答練

全国模試（全2日）

1次ファイナル

1次本試験

2次厳選過去問解法アプローチ講座

2次アドバンス講座・答練

2次ファイナル模試（全1日）

2次本試験

POINT 4 受験を知り抜いた講師陣が合格へと導く！

1次試験は7科目あり、合格者の中でも得意、不得意があるのも事実です。LECでは実務家講師がそれぞれ専門の科目を担当します。また、2次対策はゼミ形式の講義で、受講生同士が互いに切磋琢磨できる環境になっています。講師自らが添削をするので、個々の改善点を見つけ出していきます。

POINT 5 充実のフォロー制度で合格に近づく！

通学には通信教材が付き、予習、復習がしやすくなっています。初級講座の1次重要科目に「Web講座講師フレックス制」を採用、また、生講義のzoom配信により、講師の選択の幅が広がり、2人目、3人目の講師で理解の深堀が可能です。「Web動画ダウンロード」「15分1テーマ講義スタイル」「ぽち問」でスキマ時間の活用、「教えてチューター」で質問など、多彩な学習環境を提供しています。

※本カリキュラムは、本書発行日現在のものであり、講座の内容・回数等が変更になる場合があります。予めご了承ください。

詳しくはこちら⇒www.lec-jp.com/shindanshi/

■お電話での講座に関するお問い合わせ 平日：9:30～20:00　土祝：10:00～19:00　日：10:00～18:00
※このナビダイヤルは通話料お客様ご負担になります。※固定電話・携帯電話共通（一部の PHS・IP 電話からのご利用可能）。

LECコールセンター 0570-064-464

LEC Webサイト ▷▷▷ **www.lec-jp.com/**

 # 情報盛りだくさん！

 資格を選ぶときも，
講座を選ぶときも，
最新情報でサポートします！

最新情報

各試験の試験日程や法改正情報，対策
講座，模擬試験の最新情報を日々更新
しています。

資料請求

講座案内など無料でお届けいたします。

受講・受験相談

メールでのご質問を随時受付けており
ます。

よくある質問

LECのシステムから，資格試験につい
てまで，よくある質問をまとめまし
た。疑問を今すぐ解決したいなら，ま
ずチェック！

書籍・問題集（LEC書籍部）

LECが出版している書籍・問題集・レ
ジュメをこちらで紹介しています。

充実の動画コンテンツ！

 ガイダンスや講演会動画，
講義の無料試聴まで
Webで今すぐCheck！

動画視聴OK

パンフレットやWebサイトを見て
もわかりづらいところを動画で説
明。いつでもすぐに問題解決！

Web無料試聴

講座の第1回目を動画で無料試聴！
気になる講義内容をすぐに確認で
きます。

LEC 全国学校案内

＊講座のお問合せ，受講相談は最寄りのLEC各校

LEC本校

■ 北海道・東北

札 幌本校　☎011(210)5002
〒060-0004 北海道札幌市中央区北4条西5-1　アスティ45ビル

仙 台本校　☎022(380)7001
〒980-0022 宮城県仙台市青葉区五橋1-1-10　第二河北ビル

■ 関東

渋谷駅前本校　☎03(3464)5001
〒150-0043 東京都渋谷区道玄坂2-6-17　渋東シネタワー

池 袋本校　☎03(3984)5001
〒171-0022 東京都豊島区南池袋1-25-11　第15野萩ビル

水道橋本校　☎03(3265)5001
〒101-0061 東京都千代田区神田三崎町2-2-15　Daiwa三崎町ビル

新宿エルタワー本校　☎03(5325)6001
〒163-1518 東京都新宿区西新宿1-6-1　新宿エルタワー

早稲田本校　☎03(5155)5501
〒162-0045 東京都新宿区馬場下町62　三朝庵ビル

中 野本校　☎03(5913)6005
〒164-0001 東京都中野区中野4-11-10　アーバンネット中野ビル

立 川本校　☎042(524)5001
〒190-0012 東京都立川市曙町1-14-13　立川MKビル

町 田本校　☎042(709)0581
〒194-0013 東京都町田市原町田4-5-8　MIキューブ町田イースト

横 浜本校　☎045(311)5001
〒220-0004 神奈川県横浜市西区北幸2-4-3　北幸GM21ビル

千 葉本校　☎043(222)5009
〒260-0015 千葉県千葉市中央区富士見2-3-1　塚本大千葉ビル

大 宮本校　☎048(740)5501
〒330-0802 埼玉県さいたま市大宮区宮町1-24　大宮GSビル

■ 東海

名古屋駅前本校　☎052(586)5001
〒450-0002 愛知県名古屋市中村区名駅4-6-23　第三堀内ビル

静 岡本校　☎054(255)5001
〒420-0857 静岡県静岡市葵区御幸町3-21　ペガサート

■ 北陸

富 山本校　☎076(443)5810
〒930-0002 富山県富山市新富町2-4-25　カーニープレイス富山

■ 関西

梅田駅前本校　☎06(6374)500
〒530-0013 大阪府大阪市北区茶屋町1-27　ABC-MART梅田ビ

難波駅前本校　☎06(6646)691
〒556-0017 大阪府大阪市浪速区湊町1-4-1
大阪シティエアターミナルビル

京都駅前本校　☎075(353)953
〒600-8216 京都府京都市下京区東洞院通七条下ル2丁目
東塩小路町680-2　木村食品ビル

四条烏丸本校　☎075(353)253
〒600-8413　京都府京都市下京区烏丸通仏光寺下ル
大政所町680-1　第八長谷ビル

神 戸本校　☎078(325)051
〒650-0021 兵庫県神戸市中央区三宮町1-1-2　三宮セントラルビ

■ 中国・四国

岡 山本校　☎086(227)500
〒700-0901 岡山県岡山市北区本町10-22　本町ビル

広 島本校　☎082(511)700
〒730-0011 広島県広島市中区基町11-13　合人社広島紙屋町アネク

山 口本校　☎083(921)891
〒753-0814 山口県山口市吉敷下東 3-4-7　リアライズⅢ

高 松本校　☎087(851)341
〒760-0023 香川県高松市寿町2-4-20　高松センタービル

松 山本校　☎089(961)133
〒790-0003 愛媛県松山市三番町7-13-13　ミツネビルディング

■ 九州・沖縄

福 岡本校　☎092(715)500
〒810-0001 福岡県福岡市中央区天神4-4-11　天神ショッパー
福岡

那 覇本校　☎098(867)500
〒902-0067 沖縄県那覇市安里2-9-10　丸姫産業第2ビル

■ EYE関西

EYE 大阪本校　☎06(7222)365
〒530-0013　大阪府大阪市北区茶屋町1-27　ABC-MART梅田ビ

EYE 京都本校　☎075(353)253
〒600-8413　京都府京都市下京区烏丸通仏光寺下ル
大政所町680-1　第八長谷ビル

【LEC公式サイト】www.lec-jp.com/

スマホから
簡単アクセス！

LEC提携校

＊提携校はLECとは別の経営母体が運営をしております。
＊提携校は実施講座およびサービスにおいてLECと異なる部分がございます。

■ 北海道・東北

戸中央校【提携校】　☎0178(47)5011
031-0035　青森県八戸市寺横町13　第1朋友ビル　新教育センター内

前校【提携校】　☎0172(55)8831
036-8093　青森県弘前市城東中央1-5-2
なびの森　弘前城東予備校内

田校【提携校】　☎018(863)9341
010-0964　秋田県秋田市八橋鯲沼町1-60
式会社アキタシステムマネジメント内

■ 関東

戸校【提携校】　☎029(297)6611
310-0912　茨城県水戸市見川2-3092-3

沢校【提携校】　☎050(6865)6996
359-0037　埼玉県所沢市くすのき台3-18-4　所沢K・Sビル
司会社LPエデュケーション内

京駅八重洲口校【提携校】　☎03(3527)9304
103-0027　東京都中央区日本橋3-7-7　日本橋アーバンビル
ランデスク内

本橋校【提携校】　☎03(6661)1188
103-0025　東京都中央区日本橋茅場町2-5-6　日本橋大江戸ビル
式会社大江戸コンサルタント内

■ 東海

津校【提携校】　☎055(928)4621
410-0048　静岡県沼津市新宿町3-15　萩原ビル
-netパソコンスクール沼津校内

■ 北陸

潟校【提携校】　☎025(240)7781
950-0901　新潟県新潟市中央区弁天3-2-20　弁天501ビル
式会社大江戸コンサルタント内

沢校【提携校】　☎076(237)3925
920-8217　石川県金沢市近岡町845-1　株式会社アイ・アイ・ピー金沢内

井南校【提携校】　☎0776(35)8230
918-8114　福井県福井市羽水2-701　株式会社ヒューマン・デザイン内

■ 関西

歌山駅前校【提携校】　☎073(402)2888
640-8342　和歌山県和歌山市友田町2-145
G教育センタービル　株式会社KEGキャリア・アカデミー内

■ 中国・四国

松江殿町校【提携校】　☎0852(31)1661
〒690-0887　島根県松江市殿町517　アルファステイツ殿町
山路イングリッシュスクール内

岩国駅前校【提携校】　☎0827(23)7424
〒740-0018　山口県岩国市麻里布町1-3-3　岡村ビル　英光学院内

新居浜駅前校【提携校】　☎0897(32)5356
〒792-0812　愛媛県新居浜市坂井町2-3-8　パルティフジ新居浜駅前店内

■ 九州・沖縄

佐世保駅前校【提携校】　☎0956(22)8623
〒857-0862　長崎県佐世保市白南風町5-15　智翔館内

日野校【提携校】　☎0956(48)2239
〒858-0925　長崎県佐世保市椎木町336-1　智翔館日野校内

長崎駅前校【提携校】　☎095(895)5917
〒850-0057　長崎県長崎市大黒町10-10　KoKoRoビル
minatoコワーキングスペース内

高原校【提携校】　☎098(989)8009
〒904-2163　沖縄県沖縄市大里2-24-1
有限会社スキップヒューマンワーク内

※上記は2024年5月1日現在のものです。

書籍の訂正情報について

このたびは，弊社発行書籍をご購入いただき，誠にありがとうございます。
万が一誤りの箇所がございましたら，以下の方法にてご確認ください。

1 訂正情報の確認方法

書籍発行後に判明した訂正情報を順次掲載しております。
下記Webサイトよりご確認ください。

www.lec-jp.com/system/correct/

2 ご連絡方法

上記Webサイトに訂正情報の掲載がない場合は，下記Webサイトの
入力フォームよりご連絡ください。

lec.jp/system/soudan/web.html

フォームのご入力にあたりましては，「Web教材・サービスのご利用について」の
最下部の「ご質問内容」に下記事項をご記載ください。

> ・対象書籍名（○○年版，第○版の記載がある書籍は併せてご記載ください）
>
> ・ご指摘箇所（具体的にページ数と内容の記載をお願いいたします）

ご連絡期限は，次の改訂版の発行日までとさせていただきます。
また，改訂版を発行しない書籍は，販売終了日までとさせていただきます。

※上記「**2**ご連絡方法」のフォームをご利用になれない場合は，①書籍名，②発行年月日，③ご指摘箇所，を記載の上，郵送
にて下記送付先にご送付ください。確認した上で，内容理解の妨げとなる誤りについては，訂正情報として掲載させてい
ただきます。なお，郵送でご連絡いただいた場合は個別に返信しておりません。

送付先：〒164-0001 東京都中野区中野4-11-10 アーバンネット中野ビル
　　　　株式会社東京リーガルマインド 出版部 訂正情報係

> ・誤りの箇所のご連絡以外の書籍の内容に関する質問は受け付けておりません。
> 　また，書籍の内容に関する解説，受験指導等は一切行っておりませんので，あらかじめ
> 　ご了承ください。
> ・お電話でのお問合せは受け付けておりません。

講座・資料のお問合せ・お申込み

LECコールセンター 📞 0570-064-464

受付時間：平日9：30〜20：00/土・祝10：00〜19：00/日10：00〜18：00

※このナビダイヤルの通話料はお客様のご負担となります。
※このナビダイヤルは講座のお申込みや資料のご請求に関するお問合せ専用ですので，書籍の正誤に関
　するご質問をいただいた場合，上記「**2**ご連絡方法」のフォームをご案内させていただきます。